현실 인식을 위한

치매 예방 인지 · 의사소통 워크북

Cognition-Communication Workbook for Preventing Dementia

현실 인식을 위한

치매 예방 인지 · 의사소통 워크북

Cognition-Communication Workbook for Preventing Dementia

이금자 · 김화수 · 임은실 공저

학지사

| 머리말 |

언제부터인가 갑자기 말을 할 수 없다// 너무 답답하다/ 누가 무슨 소리만 하면/ 눈물밖에 나지 않는다// 이제/ "가자"라는 말을 할 수 있다/ 그리고 "아~녀"라는 말도 할 수 있다// 그러나/ 이사를 가야 하기에 정든 친구들과 헤어져야 한다 /그래서 울고 또 운다/ 내가 잘할 수 있는 말/ "저저저 지지지"로 인사를 한다//

이 글은 대구사회복지공동모금회의 지원을 받아 어르신들의 구술로 된 시를 정리해서 펴낸 『할배 할매들의 못다 한 이야기』라는 책에서 발췌한 것이다.

저자들은 『치매 예방을 위한 인지 · 의사소통 놀이 50』(2015), 『스마트 에이징을 위한 치매 예방 인지 · 의사소통 놀이 48』(2019)까지 두 권의 책을 학지사에서 출판한 바 있다. 『현실 인식을 위한 치매 예방 인지 · 의사소통 워크북』은 같은 저자들이 쓴 세 번째 치매 시리즈로, 노년기에 찾아오는 치매를 예방하기 위해 천천히 걷는 여행과도 같은 책이라고 할 수 있다.

'현실 인식'은 말 그대로 자신의 현재 상태를 인식하는 것이다. 윌리엄 글래서(William Glasser)가 개발한 심리사회적 및 행동 개입의 한 형태인 현실 치료는 사랑과 인격에 근거하여 성공적인 자아정체감(자신을 긍정적으로 인정하는 것)을 발전시키는 데 도움을 주는 것으로 감정보다는 행동에, 과거보다는 현재와 미래에 초점을 두는 심리치료의 한 방법이다.

사실 치매는 치료 약제의 효과가 기대에 못 미치는 상황이며, 그에 따라 치매의 조기 발견 및 예방에 대한 관심이 커지고 있다. 따라서 인지훈련을 통해 치매와 인지 저하를 예방하고 기능을 회복시키거나 관리하는 것이 매우 중요하다는 것을 알 수 있다. 치매인에게 적합한 현실 인식 프로그램으로는 '지남력 훈련'을 포함하여 '연관된 말 찾기' '사물 이름 대기' '과거 회상하기' '그림 그리기' '레크리에이션' 등이 있다. 이러한 활동은 인지 기능을 반영하는 과제를 정해진 방법으로 연습함으로써 인지 전반에 걸친 능력, 의사소통능력, 일상생활수행능력을 향상시키는 데 도움을 준다. 더 나아가 이러한 시간을 통해 과거를 돌아보며 삶의 기쁨을 나누게 된다. 즉, 현실 인식 프로그램은 노인들의 인지 기능과 사회 기능 향상을 목적으로 다양한 활동을 하는 것을 포함한다. 이 책에서 사용하고 있는 현실 인식 프로그램은 개인적 · 사회적 기능 저하에 대처하는 방법을 포괄하여 인지 저하로 인해 유발되는 핸디캡을 줄이고 피할 수 있게 하며, 함께 관리하면서 살아가는 방법을 배우는 데 목적이 있다.

특히 이 책에는 선정노인복지센터1에서 직접 운영하고 있는 치매 전담형 프로그램 중 현실 인식이 필요한 노인들을 대상으로 개발한 다양한 활동이 포함되어 있다. 수업에 참여한 많은 어르신이 자신의 생각을 담아서 이야기를 표현하는 과정에서 자연스레 인지 기능이 향상되는 효과를 거둘 수 있었다. 그뿐만 아니라 자신의 생각과 상상력을 확장시켜서 자기 이야기를 만들고, 이를 다른 어르신과 공유하는 과정에서 상호 교감하는 계기도 가질 수 있었다.

모쪼록 이 현실 인식 프로그램을 통해 어르신들의 인지 기능과 의사소통능력이 강화되어 즐겁고 재미있게 과거를 회상하며, 삶의 질을 높이는 좋은 기회가 되기를 기대한다.

부족한 원고이지만 출판을 격려해 주시고 꼼꼼히 편집해 주신 학지사 관계자 분들께 감사드린다. 또한 곁에서 늘 응원해 주는 우리 가족에게도 깊은 사랑을 전한다.

2021년 1월

이금자, 김화수, 임은실

| 이 책의 활용법 |

이 책은 현실 인식이 필요한 어르신들을 대상으로 인지 기능을 향상시키고, 일상생활수행이 가능하도록 도움을 주는 활동들로 구성되어 있습니다. '일상 인지 · 의사소통 능력' '메타언어능력' '통합감각' '통합인지능력'의 총 네 가지 주제로 구분되어 있습니다.

1부에서는 '지남력' '기억력' '주의집중력' '언어능력' '계산능력' '공간인지능력' '문제해결능력'의 일곱 가지 능력을 향상시키는 데 도움이 되는 문제들이 제시되어 있습니다. 주차별로 총 5세트, 35개의 활동으로 구성되어 있으며, 하루에 1개씩의 활동을 수행하고 이미 수행한 활동은 지도자가 문답식으로 반복하여 사용하는 것이 도움이 됩니다.

2~4부까지의 활동은 1부의 활동을 수행하며 대상자의 수행 정도에 따라 병행하여 학습을 진행하는 것이 좋습니다. 1~4부까지의 모든 활동은 3개월 과정으로 구성하였습니다.

또한 모든 활동 시작 시 오늘 날짜와 본인의 이름을 기재하도록 하여 '지남력'을 높이도록 하였으며, 이는 인지 기능 장애로 길을 잃거나 배회 시 당황할 수 있는 상황에 대비하여 본인의 이름을 기억할 수 있도록 하는 데 그 목적이 있습니다.

PART 1 일상 인지 · 의사소통 능력

Week 1

Week 2

Week 3

PART 4 통합인지능력 / 137

PART 1.

일상 인지 · 의사소통 능력

- 일상 인지 · 의사소통 능력은 지남력, 기억력, 주의집중력, 언어능력, 계산능력, 공간지각능력, 문제해결능력으로 구성되어 있습니다.
- 대상자는 매일 한 가지 능력을 향상시키기 위해 워크북의 질문 문항에 대답합니다.
- 읽기가 가능한 대상자는 스스로 읽고, 대답하고, 쓰도록 합니다.

Week 1

01. 지남력: 자신과 관련된 정보

______ 월 ______ 일 확인자 : ______

오늘은 ______ 월 ______ 일 ______ 요일입니다.

나는 ______ 띠 ______ 입니다.

사는 곳은 ______ 동입니다.

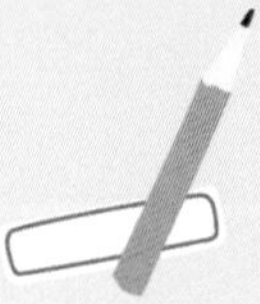

- 당신의 고향은 어디입니까?

______

- 당신의 이름은 무엇입니까?

______

- 휴대 전화(또는 집) 번호는 몇 번입니까?

______

- 생일은 언제입니까?

______

지금 살고 있는 곳(주소)은 어디입니까?

택시를 타고 집에 가려면 택시 기사에게 어디로 가자고 말해야 합니까?

지금 있는 여기는 어디입니까?

02. 기억력: 과일의 종류

______ 월 ______ 일 확인자 : ______

오늘은 ______ 월 ______ 일 ______ 요일입니다.

나는 ______ 띠 ______ 입니다.

사는 곳은 ______ 동입니다.

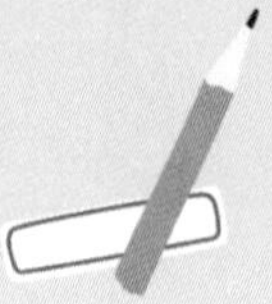

활동 방법

<프로그램 지도자>

● 과일 이름을 대상자와 함께 말한다.

▪ 대상자에게 과일의 이름을 말하게 한다.

▪ 과일 이름을 불러 주고 알맞은 과일을 찾게 한다.

● 과일 이름을 1개에서 2개, 3개, 4개로 늘려서 들려 주고 순서대로 찾게 한다.

예) "제가 말한 순서대로 짚어 보세요. 사과, 딸기, 참외!"

● 범주별로 과일 이름을 찾게 한다.

예) "빨간색 과일을 찾아보세요."

"여름에 먹는 과일을 찾아보세요."

"껍질을 벗겨서 먹는 과일을 찾아보세요."

더 나아가기

● 어제 먹은 과일을 말하게 한다.

● 신맛이 나는 과일을 말하게 한다.

● 씨가 많은 과일을 말하게 한다.

가장 좋아하는 과일은 무엇입니까?

주로 여름에 먹는 과일은 무엇입니까?

추석에는 어떤 과일을 먹습니까?

곶감은 어떻게 만듭니까?

잼은 어떻게 만듭니까?

03. 주의집중력: '집어요' 놀이

______ 월 ______ 일 확인자 : ______________

오늘은 __________ 월 __________ 일 __________ 요일입니다.

나는 ______________ 띠 ______________ 입니다.

사는 곳은 ______________ 동입니다.

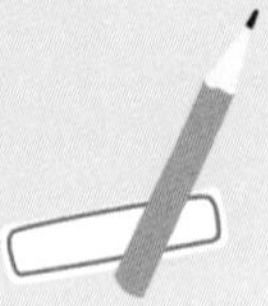

활동 방법	<프로그램 지도자> 명령어 '집어요'로 주의집중력을 키우는 활동이다. ● 책상 위에 다양한 색깔과 모양의 물건을 올려놓는다. ● "빨간색 집어요."라고 말하면 대상자가 해당하는 색깔을 집도록 한다. ● "네모 모양 집어요."라고 말하면 대상자가 해당하는 모양을 집도록 한다. ● "3개 집어요."라고 말하면 대상자가 해당하는 개수만큼 집도록 한다.
더 나아가기	● "빨간색과 파란색을 집어요." 등 색깔을 조합하여 2개, 3개씩 늘려 간다. ● "네모와 세모 모양을 집어요." 등 모양을 조합하여 2개, 3개씩 늘려 간다. ● "빨간색 네모 모양을 집어요." 등 색깔과 모양을 조합하여 늘려 간다.

'집어요'를 넣어 상대방에게 명령을 내려 보세요.

집었던 색깔과 연관된 물건의 이름을 말해 보세요.

집었던 모양과 연관된 물건의 이름을 말해 보세요.

04. 언어능력: 혼례식

_____ 월 _____ 일 확인자 : __________

오늘은 _____ 월 _____ 일 _____ 요일입니다.

나는 _____ 띠 _____ 입니다.

사는 곳은 _____ 동입니다.

<프로그램 지도자>

- 그림을 보여 주고 무엇을 하는 것인지 말하게 한다.
- 그림을 보여 주고 각각의 사물의 이름을 말하게 한다.
  예) 한복, 기와집, 청사 초롱, 갓

활동 방법

	● 파란색 치마를 입은 사람이 몇 명인지 물어본다. ● 신랑이 머리에 쓴 것이 무엇인지 물어본다.
더 나아가기	● 대상자의 결혼 사진을 가져오게 하여 이야기를 나눈다.

결혼식은 언제 했습니까?

결혼식은 어디에서 했습니까?

폐백상에는 무엇이 있었습니까?

첫날밤은 어디에서 지냈습니까?

05. 계산능력: 점심식사 비용

_____ 월 _____ 일 확인자 : __________

오늘은 ________ 월 ________ 일 ________ 요일입니다.

나는 ____________ 띠 ____________ 입니다.

사는 곳은 ________________ 동입니다.

식 사 류

회덮밥	10,000
알 탕	9,000
대구탕	8,000
서더리탕	8,000
내장탕	8,000
간장게장	10,000

메 뉴 판

음 료	1,000
소 주	3,000
맥 주	3,000
공기밥	1,000

오늘 점심식사로 무엇을 주문하겠습니까?

그것의 가격은 얼마입니까?

8천 원으로 먹을 수 있는 음식은 무엇입니까?

가장 비싼 음식은 무엇입니까?

대구탕 한 그릇과 소주 1병을 먹었습니다. 모두 얼마입니까?

알탕을 먹고 만 원을 냈습니다. 거스름돈은 얼마를 받아야 합니까?

06. 공간지각능력

_____ 월 _____ 일 확인자 : _____

오늘은 _____ 월 _____ 일 _____ 요일입니다.

나는 _____ 띠 _____ 입니다.

사는 곳은 _____ 동입니다.

★ 선 따라 그리기

07. 문제해결능력: 계란 넣기

월 일 확인자 :

오늘은 월 일 요일입니다.

나는 띠 입니다.

사는 곳은 동입니다.

이 사진을 보고 생각나는 것을 이야기해 보세요.

계란으로 무엇을 만들 수 있습니까?

계란 한 판은 몇 개입니까?

옛날에는 계란을 어디에 보관했습니까?

계란을 깨뜨리지 않으려면 어떻게 해야 합니까?

계란판에 계란(모형 계란)을 넣어 보세요.

Week 2

01. 지남력: 사람과 관련된 정보

월 일 확인자 :

오늘은 월 일 요일입니다.

나는 띠 입니다.

사는 곳은 동입니다.

당신의 이름은 무엇입니까?

배우자의 이름은 무엇입니까?

자녀의 이름은 무엇입니까?

손자녀의 이름은 무엇입니까?

현재 대통령의 이름은 무엇입니까?

같이 살고 있는 사람의 이름은 무엇입니까?

가장 좋아하는 사람의 이름은 무엇입니까?

가장 보고 싶은 사람의 이름은 무엇입니까?

02. 기억력: 꽃의 종류

월 일 확인자 :

오늘은 월 일 요일입니다.

나는 띠 입니다.

사는 곳은 동입니다.

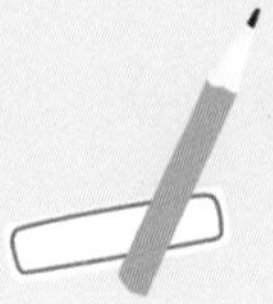

활동 방법	<프로그램 지도자> ● 대상자에게 꽃의 이름을 말하게 한다. ● 꽃의 이름을 불러 주고 알맞은 꽃을 찾게 한다. ● 꽃의 이름을 1개에서 2개, 3개, 4개로 늘려서 들려 주고 순서대로 찾게 한다. 예) "제가 말한 순서대로 짚어 보세요. 해바라기, 코스모스, 개나리!" ● 계절에 따라 피는 꽃의 이름을 찾게 한다. 예) "가을에 피는 꽃은 무엇입니까?" ● 색깔에 따른 꽃의 이름을 찾게 한다. 예) 노란색 꽃을 찾아보게 한다.
더 나아가기	● 글자 수 별로 꽃의 이름을 말하게 한다. 예) 두 글자: 국화, 장미 세 글자: 개나리, 무궁화, 찔레꽃, 함박꽃 네 글자: 해바라기, 코스모스

가장 좋아하는 꽃은 무엇입니까?

봄에 피는 꽃은 무엇입니까?

가을에 피는 꽃은 무엇입니까?

꽃다발을 누구에게 선물하고 싶습니까?

언제 꽃 선물을 받고 싶습니까?

향기가 좋은 꽃은 무엇입니까?

03. 주의집중력: '따따따' 놀이

월 ______ 일 ______ 확인자 : ______

오늘은 ______ 월 ______ 일 ______ 요일입니다.

나는 ______ 띠 ______ 입니다.

사는 곳은 ______ 동입니다.

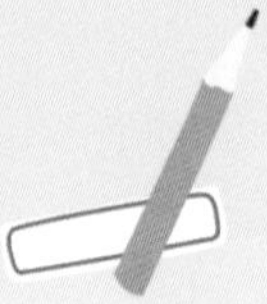

활동 방법	<프로그램 지도자> 손바닥 '위, 옆, 아래, 앞'의 방향에 따라 '따따따따따'라고 소리 내어 말하며 팔을 뻗는 게임이다. ● 지도자는 대상자들이 양손을 깍지를 낀 후 깍지 낀 팔을 쭉 펴게 한다. 이때 손바닥은 바깥을 향하게 한다. ● 지도자가 "위!"라고 말하면 대상자는 깍지 낀 팔을 머리 위로 쭉 펴면서 "위 따따따따따!"라고 말하게 한다. "위~따따따따따!" ● 지도자가 "아래!"라고 말하면 대상자는 깍지 낀 팔을 바닥을 향해 쭉 펴면서 "아래~따따따따따!"라고 말하게 한다. ● 지도자가 "앞!"이라고 말하면 대상자는 깍지 낀 팔을 앞을 향해 쭉 펴면서 "앞~ 따따따따따!"라고 말하게 한다.
더 나아가기	● "옆~따따따따따!" "뒤 ~따따따따따!" 등 방향을 달리하여 '따따따따따!'를 말하게 한다.

상대방에게 방향을 지시하고 '따따따따따!'를 말하게 해 보세요.

지금 있는 곳의 위에는 무엇이 있습니까?

지금 있는 곳의 오른쪽(왼쪽)에는 무엇이 있습니까?

04. 언어능력: 이사

월 ______ 일 ______ 확인자 : ______

오늘은 ______ 월 ______ 일 ______ 요일입니다.

나는 ______ 띠 ______ 입니다.

사는 곳은 ______ 동입니다.

활동 방법

<프로그램 지도자>

- 그림을 보여 주고 무엇을 하는 것인지 말하게 한다.
- 그림을 보여 주고 각각의 사물의 이름을 말하게 한다.
  예) 용달, 옷장, 밧줄, 바퀴

- 용달차가 몇 대인지 물어본다.
- 짐을 무엇으로 묶었는지 물어본다.

더 나아가기	● 이사를 위한 준비 과정을 말하게 한다. ● 이사 후 정리 과정을 말하게 한다.

신혼살림은 어디에서 했습니까?

'이사 간 집' 중에서 가장 기억에 남는 곳은 어디입니까?

이사는 누구와 같이 했습니까?

집이 없어서 서러웠던 적이 있었습니까?

05. 계산능력: 저녁식사 비용

월 일 확인자 :

오늘은 ________ 월 ________ 일 ________ 요일입니다.

나는 ________ 띠 ________ 입니다.

사는 곳은 ________ 동입니다.

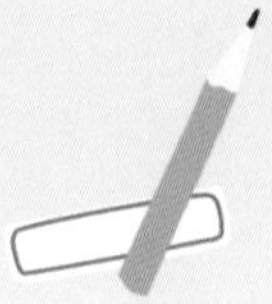

오늘 저녁식사로 무엇을 주문하겠습니까?

그것의 가격은 얼마입니까?

공기밥 1공기와 음료수 1병을 추가하였습니다. 모두 얼마입니까?

옆 사람의 식사 값을 같이 계산하려고 합니다. 모두 얼마입니까?

간장게장 2인분을 포장해 가려고 합니다. 2인분의 가격은 얼마입니까?

06. 공간지각능력

____ 월 ____ 일 확인자 : ____

오늘은 ____ 월 ____ 일 ____ 요일입니다.

나는 ____ 띠 ____ 입니다.

사는 곳은 ____ 동입니다.

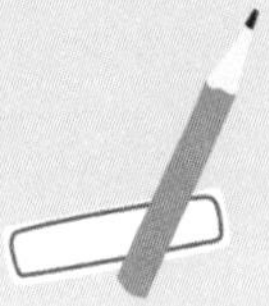

★ 선 따라 그리기

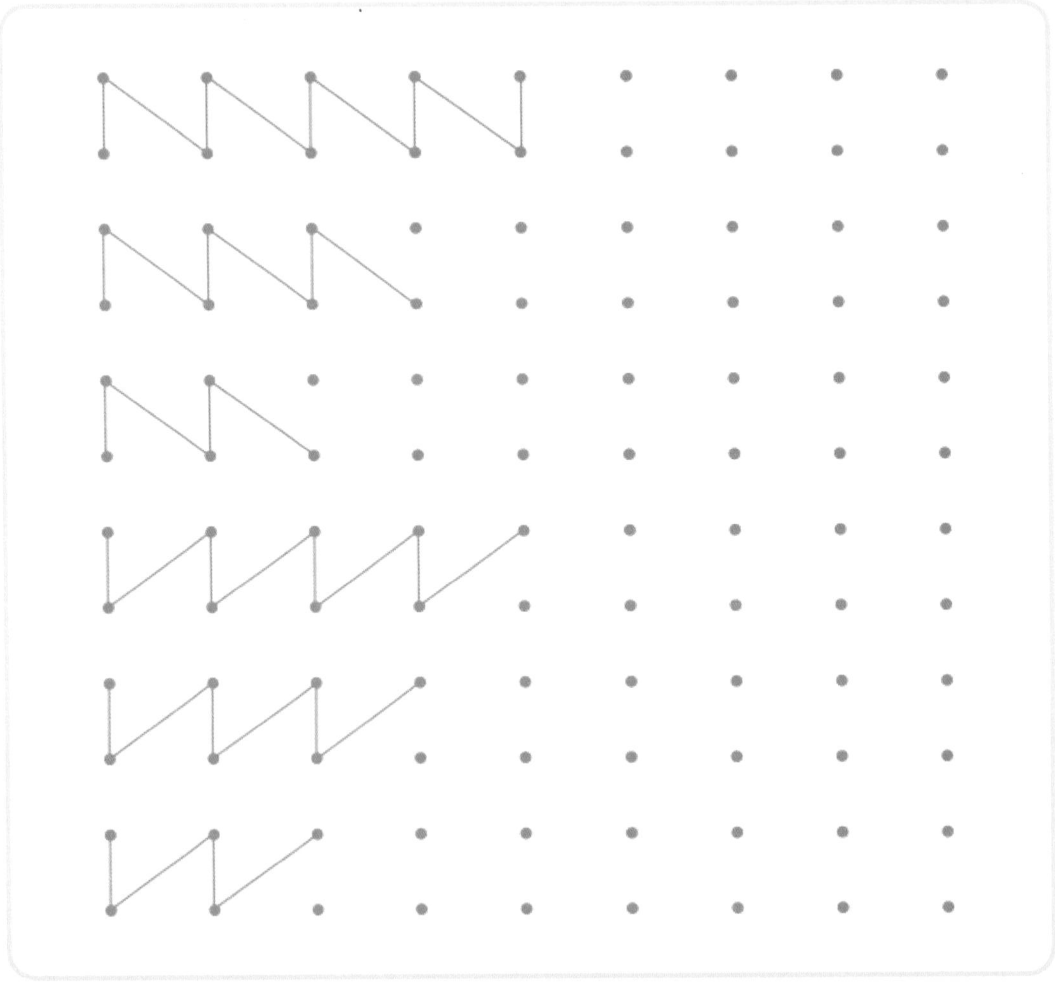

12:00

07. 문제해결능력: 화재 시 대피

월 일 확인자 :

오늘은 월 일 요일입니다.

나는 띠 입니다.

사는 곳은 동입니다.

어떤 일이 발생했습니까?

불이 난 것을 처음 발견했을 때 몇 번에 전화를 해야 합니까?

불에 잘 타는 물건은 무엇입니까?

불이 난 것을 본 적이 있습니까?

집에서 불조심을 해야 하는 물건이 무엇입니까?

불이 나지 않도록 어떻게 해야 할까요?

Week 3

01. 지남력: 계절과 관련된 정보

월 일 확인자 :

오늘은 ______ 월 ______ 일 ______ 요일입니다.

나는 ______ 띠 ______ 입니다.

사는 곳은 ______ 동입니다.

현재 계절은 무슨 계절입니까?

벚꽃은 어느 계절에 필까요?

눈은 어느 계절에 볼 수 있습니까?

추수는 어느 계절에 할까요?

선풍기는 어느 계절에 사용할까요?

단풍은 어느 계절에 볼 수 있습니까?

해수욕장에서의 물놀이는 어느 계절에 할까요?

코스모스는 어느 계절에 필까요?

계절에 따라 피는 꽃을 말해 보세요.

내가 좋아하는 계절에 대해 이야기해 보세요.

02. 기억력: 사물의 종류

월 일 확인자 :

오늘은 월 일 요일입니다.

나는 띠 입니다.

사는 곳은 동입니다.

활동 방법	<프로그램 지도자> ● 사물의 이름을 대상자와 함께 말한다. ■ 대상자에게 사물의 이름을 말하게 한다. ■ 사물의 이름을 불러 주고 알맞은 사물을 찾게 한다. ● 사물의 이름을 1개에서 2개, 3개, 4개로 늘려서 들려 주고 순서대로 찾게 한다. 예) "제가 말한 순서대로 짚어 보세요. 가방, 신발, 냉장고, 전화기!" ● 용도에 따른 사물을 찾게 한다. 예) "음식을 보관할 때 쓰는 것은 무엇입니까?" "앉을 때 필요한 것은 무엇입니까?" "햇빛을 가릴 때 쓰는 것은 무엇입니까?"
더 나아가기	● 글자 수 별로 사물의 이름을 말하게 한다. 예) 두 글자: 가방, 신발, 의자, 모자, 소파 세 글자: 냉장고, 세탁기, 전화기

가장 자주 쓰는 물건은 무엇입니까?

전기를 사용하여 쓸 수 있는 물건은 무엇입니까?

우리 집에 있는 물건을 말해 보세요.

가장 자주 쓰는 물건은 무엇입니까?

선물 받고 싶은 물건을 말해 보세요.

아들/딸에게 사 주고 싶은 물건을 말해 보세요.

03. 주의집중력: 건강 박수 치기

월 일 확인자 :

오늘은 ______ 월 ______ 일 ______ 요일입니다.

나는 ______ 띠 ______ 입니다.

사는 곳은 ______ 동입니다.

활동 방법	<프로그램 지도자> ● 박수 치기에 대해 설명한다. "박수를 칠 때마다 건강해진답니다." "자, 이제 건강해질 준비를 해 보세요." ● 3번, 5번, 7번, 9번 등 박수 치기를 실시할 숫자를 부르고 박수를 치게 한다. "정말로 건강해졌군요."
더 나아가기	● 리듬을 달리하여 시범을 보여 주고 따라하게 한다. '쿵 따닥' '쿵쿵 따닥' '쿵쿵쿵 따닥' '쿵 따다닥' '쿵쿵 따다닥' '쿵쿵쿵 따다닥' '따다닥 따다닥 딱다다닥따 따닥"(삼삼칠 박수) ● 익숙한 동요, 민요, 가요 등을 부르며 건강 박수를 쳐 본다.

건강 박수를 치며 가장 자신 있는 노래를 불러 보세요.

건강 박수를 한 번 칠 때마다 소원을 말해 보세요.
(예: 건강, 돈, 행복, 사랑 등)

건강 박수를 한 번 칠 때마다 먹고 싶은 음식을 말해 보세요.
(예: 딸기, 떡, 사과, 바나나)

04. 언어능력: 제사

____ 월 ____ 일 확인자 : ________

오늘은 ________ 월 ________ 일 ________ 요일입니다.

나는 ____________ 띠 ____________ 입니다.

사는 곳은 ______________ 동입니다.

<프로그램 지도자>

활동 방법

- 그림을 보여 주고 무엇을 하는 것인지 말하게 한다.
- 그림을 보여 주고 각각 사물의 이름을 말하게 한다.

  예) 향로, 병풍, 제사상, 수박, 곶감, 대추

- 사과가 몇 개인지 말하게 한다.
- 과일의 종류를 말하게 한다.

더 나아가기	●과일 중 크기가 큰 것 순서대로 말하게 한다. ●제사상 차리기에 대해 말하게 한다. ●제사 지내는 과정을 말하게 한다.

부모님의 제사는 언제입니까?

제사는 누구 집에서 지냅니까?

제사 음식으로 무엇을 준비합니까?

제사상의 술은 무엇으로 준비합니까?

제사는 일 년에 몇 번 지냅니까?

누구누구의 제사를 지냅니까?

05. 계산능력: 장보기

월 ______ 일 ______ 확인자 : ______

오늘은 ______ 월 ______ 일 ______ 요일입니다.

나는 ______ 띠 ______ 입니다.

사는 곳은 ______ 동입니다.

가장 싼 품목은 무엇입니까?

만 원으로 살 수 없는 품목은 무엇입니까?

만 원으로 딸기를 샀습니다. 거스름돈은 얼마를 받아야 합니까?

9,900원으로 살 수 있는 품목은 무엇입니까?

딸기와 오징어를 샀습니다. 얼마를 지불해야 합니까?

06. 공간지각능력

____ 월 ____ 일 확인자 : ________

오늘은 ______ 월 ______ 일 ______ 요일입니다.

나는 ________ 띠 ________ 입니다.

사는 곳은 ________ 동입니다.

★ 선 따라 그리기

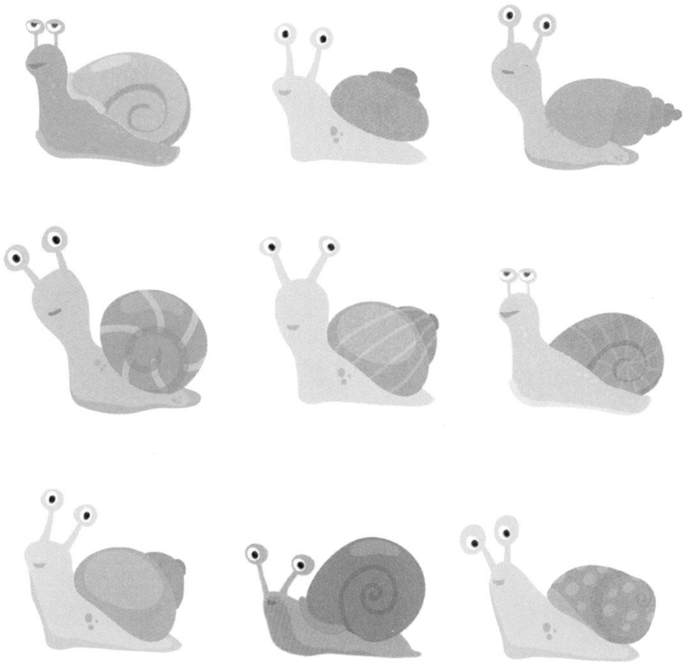

07. 문제해결능력: 어떻게 하지?

월 일 확인자 :

오늘은 월 일 요일입니다.

나는 띠 입니다.

사는 곳은 동입니다.

어떤 일이 발생했습니까?

길을 잃었을 때 몇 번에 전화해야 합니까?

본인의 이름과 자녀의 이름을 말해 보세요.

어디에 사는지 이야기해 보세요.

길을 잃지 않도록 어떻게 해야 합니까?

Week 4

01. 지남력: 장소와 관련된 정보

월 ______ 일 확인자 : ______

오늘은 ______ 월 ______ 일 ______ 요일입니다.

나는 ______ 띠 ______ 입니다.

사는 곳은 ______ 동입니다.

고향은 어디입니까?

지금 살고 있는 곳(주소)은 어디입니까?

택시를 타고 집에 가려면 택시 기사에게 어디로 가자고 말해야 합니까?

지금 살고 있는 나라(국가)는 어디입니까?

신혼집은 어디였습니까?

첫째 아이를 낳은 장소는 어디입니까?

생애 마지막까지 살고 싶은 장소는 어디입니까?

여행 간 곳 중 가장 기억에 남는 장소는 어디입니까?

02. 기억력: 건강과 질환

월 일 확인자 :

오늘은 월 일 요일입니다.

나는 띠 입니다.

사는 곳은 동입니다.

<프로그램 지도자>

활동 방법

● 그림을 보고 떠오르는 것을 말하게 한다.

예) 병원, 약, 아픈 곳

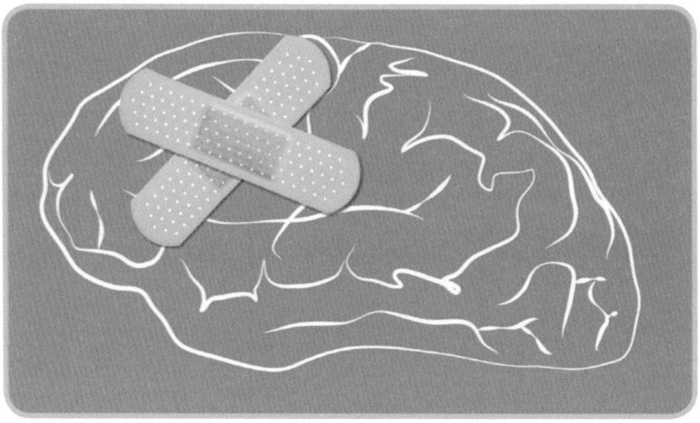

● 대상자에게 아픈 곳이 있는지 말하게 한다.

- 어디가 아픈지 말하게 한다.
- 지금 복용하고 있는 약의 이름을 말하게 한다.

더 나아가기

● 신체 부위별로 이름과 기능을 말하게 한다.

예) 심장, 뇌, 간, 위

● 병원의 종류를 말하게 한다.

예) 안과, 내과, 외과, 이비인후과, 피부과, 산부인과

최근에 다녀온 병원은 어디입니까?

내가 앓고 있는 질병은 무엇입니까?

약은 언제 먹습니까?

하루에 약을 몇 번 먹습니까?

건강을 위해 무엇을 하고 있습니까?

알고 있는 질병의 이름을 말해 보세요.

03. 주의집중력: 소리 듣기

_____ 월 _____ 일 확인자 : __________

오늘은 _____ 월 _____ 일 _____ 요일입니다.

나는 _____ 띠 _____ 입니다.

사는 곳은 _____ 동입니다.

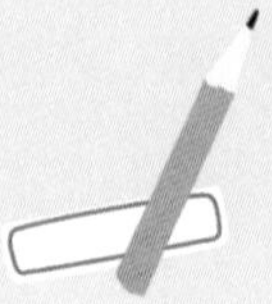

활동 방법

<프로그램 지도자>

- 대상자에게 눈을 감게 한다.
- 소리를 잘 듣고 무슨 소리인지 알아맞히게 한다.
- 준비된 물건의 소리를 들려 준다.

예) 소리가 나는 통에 바둑알을 떨어뜨려서 그 소리를 듣고 몇 개를 떨어뜨렸는지 알아맞히게 한다.

* 구슬, 공깃돌 등 다른 소리가 나는 물건을 사용할 수도 있다.

더 나아가기

- 동물 소리, 악기 소리, 생활 속에서 나는 소리 등을 들려 주고 알아맞히게 한다(직접 물건을 준비하여 소리를 내거나 녹음된 소리를 이용할 수 있다).
- 대상자가 소리를 내고, 상대방이 맞히게 한다.

예) 어흥, 어흥 소리를 내면 '호랑이'라고 답을 말한다.

이 소리는 무슨 소리입니까?

(예: 나팔 소리, 나뭇잎 밟는 소리, 새가 지저귀는 소리, 비 오는 소리)

동물의 울음 소리를 흉내 내어 보세요.

(예: 늑대, 개, 개구리, 닭)

상대방이 소리를 따라할 수 있도록 특정 소리를 흉내 내어 보세요.

(예: '뽀드득 뽀드득' '저벅저벅')

이 소리는 무슨 소리일까요? 소리를 동작으로 나타내 보세요.

(예: "까악까악!" 소리를 듣고 새가 나는 흉내를 낸다)

04. 언어능력: 우리 집

월 일 확인자 :

오늘은 월 일 요일입니다.

나는 띠 입니다.

사는 곳은 동입니다.

활동 방법

<프로그램 지도자>

- 그림을 보여 주고 어떤 집에 사는지 말하게 한다.

- 살고 있는 동네에 대해 말하게 한다.
- 손님이 집에 찾아오려는 상황에서 집의 위치를 안내하게 한다.

더 나아가기

- 그동안 살았던 집에 대해 말하게 한다.
- 우리나라 집의 종류를 말하게 한다.
  예) 초가집, 기와집, 빌라, 단독주택, 아파트

우리 집에는 방이 몇 개 있습니까?

우리 집에는 TV가 어디에 있습니까?

약 봉지는 집의 어디에 두었습니까?

우리 집에는 누가 살고 있습니까?

우리 집에는 장독이 몇 개나 있습니까?

05. 계산능력: 장보기

월 일 확인자 :

오늘은 ______ 월 ______ 일 ______ 요일입니다.

나는 ______ 띠 ______ 입니다.

사는 곳은 ______ 동입니다.

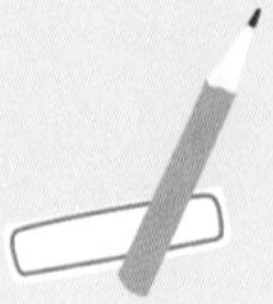

가장 필요한 것은 무엇입니까?

만 원으로 살 수 있는 품목은 무엇입니까?

만 원으로 생수를 샀습니다. 거스름돈은 얼마를 받아야 합니까?

커피와 치약을 샀습니다. 얼마를 지불해야 합니까?

쌀과 소불고기를 샀습니다. 얼마를 지불해야 합니까?

화장지 두 팩을 샀습니다. 얼마를 지불해야 합니까?

06. 공간지각능력

_____ 월 _____ 일 확인자 : __________

오늘은 ________ 월 ________ 일 ________ 요일입니다.

나는 ____________ 띠 ____________ 입니다.

사는 곳은 ________________ 동입니다.

우리 동네를 만들어 보세요.

내가 살 집을 만들어 보세요.

함께 꾸미기를 해 보세요.

탑을 쌓아 봅시다.

다리를 만들어 봅시다.

07. 문제해결능력: 손님이 찾아왔어요

월 일 확인자 :

오늘은 월 일 요일입니다.

나는 띠 입니다.

사는 곳은 동입니다.

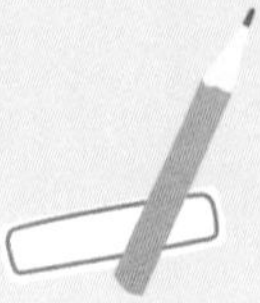

이곳은 어디입니까?

집에는 누가 있습니까?

집에 혼자 있는데 초인종이 울린다면 어떻게 해야 합니까?

모르는 사람이 문 앞에 있다면 어떻게 하겠습니까?

모르는 사람이 계속 초인종을 누르면 어떻게 해야 합니까?

Week 5

01. 지남력: 시간과 관련된 정보

_____ 월 _____ 일 확인자 : __________

오늘은 ________ 월 ________ 일 ________ 요일입니다.

나는 ____________ 띠 ____________ 입니다.

사는 곳은 ________________ 동입니다.

지금은 몇 시입니까?

몇 시에 일어납니까?

약은 언제 먹습니까?

잠은 몇 시에 잡니까?

아침, 점심, 저녁 중 언제 밥이 가장 맛있습니까?

하루 중 가장 좋은 때는 언제입니까?

가족이 가장 보고 싶을 때는 언제입니까?

제사(추도식)는 몇 시에 지냅니까?

02. 기억력: 경험과 회상

월 ______ 일 ______ 확인자 : ______

오늘은 ______ 월 ______ 일 ______ 요일입니다.

나는 ______ 띠 ______ 입니다.

사는 곳은 ______ 동입니다.

<프로그램 지도자>

활동 방법

- 그림을 보고 떠오르는 단어를 말하게 한다.
  예) 사진관, 가족, 결혼, 생일

- 기억에 남는 사진에 대해 말하게 한다.
- 어렸을 때 먹었던 음식에 대해 말하게 한다.

더 나아가기

- 어릴 적 살던 고향, 결혼식, 부모님과의 추억, 피난 시절에 대해 말하게 한다.

젊었을 때 무슨 일을 하셨습니까?

내가 알고 있는 시장은 어디입니까?

시장에서 주로 무엇을 구입했습니까?

사진관에서 어떤 사진을 찍었습니까?

시장에 갔던 경험을 살려 이야기해 보세요.

03. 주의집중력: '거울' 놀이

월 일 확인자 :

오늘은 ______ 월 ______ 일 ______ 요일입니다.

나는 ______ 띠 ______ 입니다.

사는 곳은 ______ 동입니다.

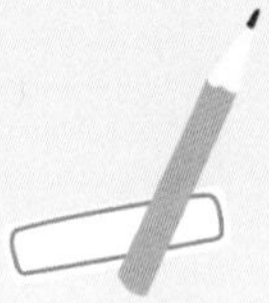

활동 방법	<프로그램 지도자> ● 대상자에게 누군가의 행동을 보고 그대로 따라하도록 한다. "이제부터 우리는 거울입니다. 다른 사람이 하는 행동을 똑같이 따라해 보세요" ● 웃는 표정, 화난 표정, 슬픈 표정 등을 지어 보고, 대상자에게 따라하게 한다. ● 손과 다리를 위, 아래, 옆으로 움직여 보고, 대상자에게 따라하게 한다. ● 토끼, 코끼리 등 동물의 움직임을 흉내 내어 보고, 대상자에게 따라하게 한다. ● 청소하기, 설거지하기, 빨래하기 등의 동작을 흉내 내어 보고, 대상자에게 따라하게 한다.
더 나아가기	● 동요, 민요, 가요 등에 맞추어 율동을 보여 주고, 율동을 따라하게 한다.

양치질을 어떻게 할까요? 양치질하는 모습을 흉내 내어 보세요.

세수하는 모습을 흉내 내어 보세요.

머리 감기는 모습을 흉내 내어 보세요.

샤워하는 모습을 모습을 흉내 내어 보세요.

가위로 종이를 자르는 모습을 흉내 내어 보세요.

설거지 하는 모습을 흉내 내어 보세요.

04. 언어능력: 욕구 표현

_____ 월 _____ 일 확인자 : _____

오늘은 _____ 월 _____ 일 _____ 요일입니다.

나는 _____ 띠 _____ 입니다.

사는 곳은 _____ 동입니다.

활동 방법

<프로그램 지도자>

● 그림을 보여 주고 무엇인지 말하게 한다.
"어떤 일을 하여 돈을 모았나요?"
"지금은 누가 돈을 관리합니까?"

더 나아가기

● 돈의 종류에 대해 말하게 한다.
예) 10원, 50원, 100원, 500원, 1000원, 5,000원, 1,0000원, 50,000원

● 돈을 벌기 위한 직업의 종류를 말하게 한다.

가장 갖고 싶은 것은 무엇입니까?

돈 백만 원이 생긴다면 어디에 쓰겠습니까?

나에게 돈이 있다면 누구에게 주겠습니까?

내가 갖고 싶은 돈의 액수는 얼마입니까?

내가 거래하고 있는 은행은 어디입니까?

매달 누구에게 돈을 받습니까?

05. 계산능력: 생활비

_____ 월 _____ 일 확인자 : _____________

오늘은 __________ 월 __________ 일 __________ 요일입니다.

나는 ______________ 띠 ______________ 입니다.

사는 곳은 ______________ 동입니다.

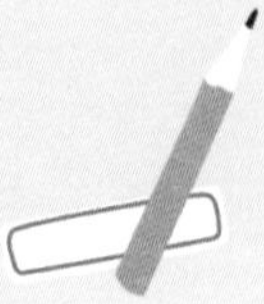

아들이 준 돈: 50,000원

딸이 준 돈: 30,000원

손자가 준 돈: 15,000원

〈지불한 돈〉

커피: 3,000원

밥: 5,000원

옷: 15,000원

받은 돈은 모두 얼마입니까?

아들과 딸이 준 돈은 얼마입니까?

지불한 돈은 모두 얼마입니까?

남은 돈은 얼마입니까?

커피 값과 밥값으로 얼마를 지불했습니까?

06. 공간지각능력

월 일 확인자 :

오늘은 월 일 요일입니다.

나는 띠 입니다.

사는 곳은 동입니다.

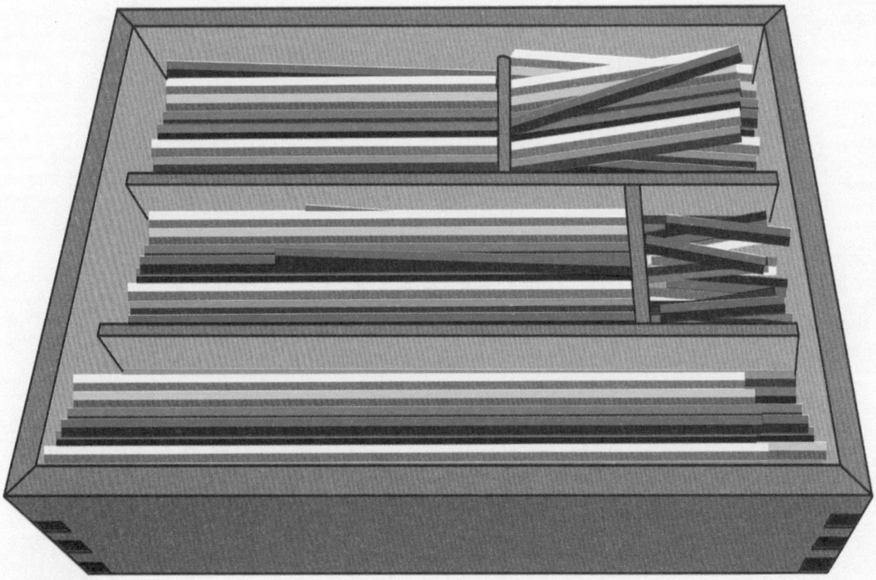

여러 가지 막대기를 이용하여 기와집을 만들어 보세요.

같은 색상끼리 모아 보세요.

쌓기 놀이를 해 보세요.

같은 길이의 막대기를 5개씩 모아 봅시다

07. 문제해결능력: 응급 상황

월 일 확인자 :

오늘은 월 일 요일입니다.

나는 띠 입니다.

사는 곳은 동입니다.

어떤 일이 발생했습니까?

사람의 표정이 어떻습니까?

아플 때 자주 가는 병원은 어디입니까?

갑자기 아플 때에는 몇 번으로 전화를 해야 합니까?

돈이 하나도 없는데 갑자기 배가 아픕니다. 어떻게 해야 할까요?

응급실에 갔던 경험이 있다면 이야기해 보세요.

내가 앓고 있는 질병은 무엇입니까?

PART 2.

메타언어능력

- 메타언어능력이란 상위언어능력으로 언어 그 자체에 대한 인식을 말합니다. 메타음운, 메타어휘, 메타구문, 메타화용 능력 등이 포함되지만 여기에서는 의사소통 시 필요한 비유언어, 특히 속담만 포함시켰습니다.
- 속담의 의미와 사용을 연습함으로써 생활의 지혜를 되짚어 갈 수 있습니다.
- 대상자는 그림을 색칠하고 글을 따라 쓰면서 속담의 의미를 새기도록 합니다.

01. 글자 찾기

월 ______ 일 확인자 : ______

오늘은 ______ 월 ______ 일 ______ 요일입니다.

나는 ______ 띠 ______ 입니다.

사는 곳은 ______ 동입니다.

활동 방법	<프로그램 지도자> ● 글자를 찾아 색칠을 하게 한다. ▪ 글자를 아는 경우, '이응'을 찾아 색칠해 보세요. ▪ 글자를 모르는 경우, '동그라미'를 찾아 색칠해 보세요. ● 찾아야 하는 글자를 읽어 준 후 찾게 한다. ▪ '빵'('탕')이라는 글자는 몇 개입니까? ▪ '호'라는 글자는 몇 개입니까? ▪ '호빵'('여탕') 또는 '찐빵'('남탕')이라는 글자는 몇 개입니까?
더 나아가기	● 동요, 민요, 시, 가요 등을 활용하여 글자를 찾게 한다.

호빵

호빵을 사러 빵집에 갔는데
호빵이 없어 찐빵을 샀네

호빵 찐빵 호빵 찐빵 호빵 찐빵
호빵 찐빵 빵빵빵빵빵

목욕탕

목욕탕에 들어가려는데 문이 열리지 않아
탕탕탕 두드려 보고,
또 탕탕탕 탕탕 두드려 보았다.

그런데 여탕, 남탕 구분이 없어
“여기가 여탕입니까? 남탕입니까?”라고 물어보니
여기가 여탕이고, 저기는 남탕이라고 말한다.
나는 어느 탕에 들어가야 합니까?

02. 바늘 도둑이 소도둑 된다

월 일 확인자 :

오늘은 월 일 요일입니다.

나는 띠 입니다.

사는 곳은 동입니다.

- '바늘 도둑이 소도둑 된다'라고 소리 내서 말해 보세요.

- '바늘 도둑'은 무엇을 훔치는 사람입니까?

- '소도둑'은 무엇을 훔치는 사람입니까?

- 이 속담은 무슨 뜻입니까?

- 언제 이런 말을 씁니까?

- 도둑을 맞은 경험에 대해 이야기해 보세요.

그림을 색칠해 보세요.

속담	바늘 도둑이 소도둑 된다.
뜻	작은 것을 훔친 사람은 나중에 큰 것을 훔친다는 뜻

글을 쓰면서 뜻을 가슴에 새겨 보아요.

03. 원수는 외나무다리에서 만난다

____ 월 ____ 일 확인자 : ________

오늘은 ________ 월 ________ 일 ________ 요일입니다.

나는 ____________ 띠 ____________ 입니다.

사는 곳은 ______________ 동입니다.

'원수는 외나무다리에서 만난다'라고 소리 내서 말해 보세요.

'원수'는 무슨 뜻입니까?

'외나무다리'는 어떤 다리입니까?

이 속담은 무슨 뜻입니까?

언제 이런 말을 씁니까?

외나무다리를 건너 본 적이 있습니까?

그림을 색칠해 보세요.

속담	원수는 외나무다리에서 만난다.
뜻	남에게 악하게 하면 반드시 그 죄를 받는다는 뜻

글을 쓰면서 뜻을 가슴에 새겨 보아요.

04. 말 한마디에 천 냥 빚도 갚는다

월 일 확인자 :

오늘은 월 일 요일입니다.

나는 띠 입니다.

사는 곳은 동입니다.

'말 한마디에 천 냥 빚도 갚는다'라고 소리 내서 말해 보세요.

'말 한마디'는 무슨 뜻입니까?

'빚'은 무슨 뜻입니까?

이 속담은 무슨 뜻입니까?

빚을 진 적이 있습니까?

말을 잘해서 좋은 일이 생긴 적이 있습니까?

그림을 색칠해 보세요.

속담	말 한마디에 천 냥 빚도 갚는다.
뜻	말을 조심성 있게 하라는 뜻

글을 쓰면서 뜻을 가슴에 새겨 보아요.

05. 가는 말이 고와야 오는 말이 곱다

____ 월 ____ 일 확인자 : ________

오늘은 ______ 월 ______ 일 ______ 요일입니다.

나는 ________ 띠 ________ 입니다.

사는 곳은 __________ 동입니다.

‘가는 말이 고와야 오는 말이 곱다’라고 소리 내서 말해 보세요.

‘가는 말’은 무슨 뜻입니까?

‘오는 말’은 무슨 뜻입니까?

이 속담은 무슨 뜻입니까?

고운 말을 들으면 기분이 어떨까요?

다른 사람에게 한 고운 말에는 어떤 것이 있습니까?

그림을 색칠해 보세요.

속담	가는 말이 고와야 오는 말이 곱다.
뜻	내가 남에게 잘해야 남도 나에게 잘한다는 뜻

글을 쓰면서 뜻을 가슴에 새겨 보아요.

06. 세 살 적 버릇 여든까지 간다

월 일 확인자 :

오늘은 월 일 요일입니다.

나는 띠 입니다.

사는 곳은 동입니다.

'세 살 적 버릇 여든까지 간다'라고 소리 내서 말해 보세요.

'버릇'과 비슷한 말은 무엇입니까?

나의 고치고 싶은 버릇은 무엇입니까?

나의 좋은 버릇은 무엇입니까?

이 속담은 무슨 뜻입니까?

나의 버릇을 닮은 자녀가 있습니까?

그림을 색칠해 보세요.

속담	세 살 적 버릇 여든까지 간다.
뜻	한번 들인 버릇은 좀처럼 고치기 어렵다는 뜻

글을 쓰면서 뜻을 가슴에 새겨 보아요.

PART 3.

통합감각

- 통합감각 활동은 시각, 청각, 촉각, 미각, 전정감각, 고유수용성 감각 등의 감각정보를 해석하고 조직화하기 위해 구성되었습니다.
- 각 문항에 답하면서 대상자의 감각을 훈련할 수 있습니다.
- 감각정보처리와 말하기, 근육의 협응을 함께 접근하여 적응반응을 높입니다.

01. 모양과 색깔 1

월 일 확인자 :

오늘은 월 일 요일입니다.

나는 띠 입니다.

사는 곳은 동입니다.

예시의 그림과 같게 되도록 같은 위치에 같은 색깔로 칠해 보세요.

빨간 네모는 몇 개입니까?

노란 네모는 몇 개입니까?

네모 모양의 물건을 말해 보세요.

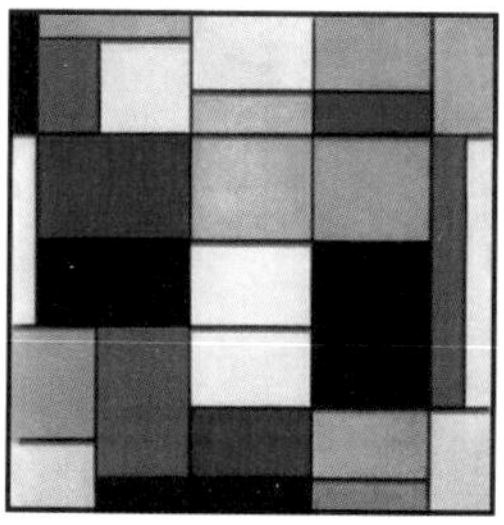

주제: 화가 몬드리안 닮아가기

그림 제목은 '밝은 붉은 면과 노랑, 검정, 회색 그리고 파랑의 구성'입니다. 몬드리안은 균형과 비례를 중요하게 여겨서 단순한 기본 요소만으로 사물의 본질을 보일 수 있다고 생각했지요.

02. 모양과 색깔 2

______ 월 ______ 일 확인자 : ______

오늘은 ______ 월 ______ 일 ______ 요일입니다.

나는 ______ 띠 ______ 입니다.

사는 곳은 ______ 동입니다.

다음과 같이 색칠해 보세요.

- 작은 세모에 빨간색을 칠해 보세요.
- 큰 세모에 노란색을 칠해 보세요.
- 지붕에 초록색을 칠해 보세요.
- 창문에 하늘색을 칠해 보세요.
- 출입문에 주황색을 칠해 보세요.

03. 나뭇잎의 모양과 색깔

_____ 월 _____ 일 확인자 : _____

오늘은 _____ 월 _____ 일 _____ 요일입니다.

나는 _____ 띠 _____ 입니다.

사는 곳은 _____ 동입니다.

다음과 같이 색칠해 보세요.

은 노란색으로 칠해 보세요.

은 빨간색으로 칠해 보세요.

은 초록색으로 칠해 보세요.

다음의 그림을 찾아 같은 색으로 칠하고, 빈칸에 개수를 세어 보세요.

개 | 개 | 개

04. 소 그리기

_____ 월 _____ 일 확인자 : __________

오늘은 _______ 월 _______ 일 _______ 요일입니다.

나는 __________ 띠 __________ 입니다.

사는 곳은 __________ 동입니다.

소의 울음소리를 흉내 내어 보세요.

소의 되새김질을 흉내 내어 보세요.

소는 어떤 일을 할까요?

나는 무슨 띠인가요?

소 그림에 코뚜레를 그려 보세요.

소의 목에 목줄을 그려 보세요.

소 그리기

05. 자화상 그리기

_____ 월 _____ 일 확인자 : __________

오늘은 ________ 월 ________ 일 ________ 요일입니다.

나는 ____________ 띠 ____________ 입니다.

사는 곳은 ________________ 동입니다.

나는 누구입니까?

나는 무슨 일을 하던 사람입니까?

나의 얼굴 중 가장 마음에 드는 곳은 어디입니까?

내가 그린 얼굴에 귀걸이를 그려 보세요.

나와 닮은 사람은 누구입니까?

나는 언제 가장 예뻤습니까(멋있었습니까)?

자화상 그리기

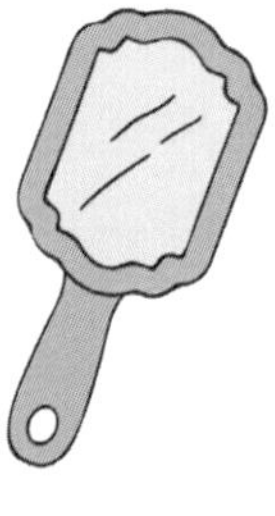

06. 꽃 그리기

월 ______ 일 확인자 : ______

오늘은 ______ 월 ______ 일 ______ 요일입니다.

나는 ______ 띠 ______ 입니다.

사는 곳은 ______ 동입니다.

무슨 꽃을 그렸나요?

______

좋아하는 꽃 이름을 말해 보세요.

______

내가 알고 있는 꽃 이름을 말해 보세요.

______

노란색 꽃 이름을 말해 보세요.

______

빨간색 꽃 이름을 말해 보세요.

______

향기가 좋은 꽃 이름을 말해 보세요.

______

꽃 그리기

07. 내 얼굴을 꾸며 보세요

_____ 월 _____ 일 확인자 : _____

오늘은 _____ 월 _____ 일 _____ 요일입니다.

나는 _____ 띠 _____ 입니다.

사는 곳은 _____ 동입니다.

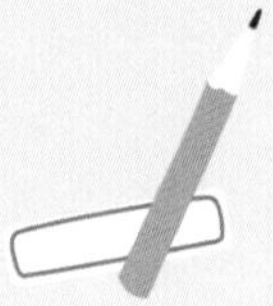

- 눈, 코, 입을 그려 보세요.

- 눈썹, 귀를 그려 보세요.

- 머리를 그려 보세요.

- 목을 그려 보세요.

- 귀걸이, 안경, 목걸이, 넥타이, 머리띠 등을 그려 꾸며 보세요.

내 얼굴 꾸미기

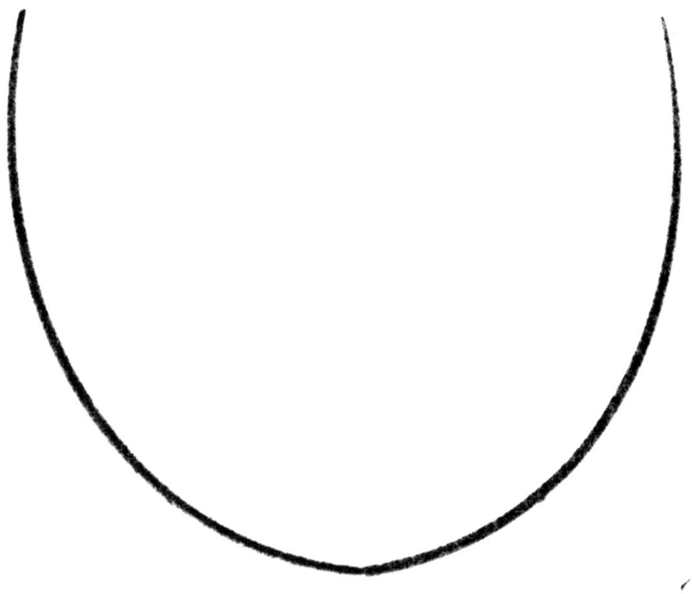

08. 지도

____ 월 ____ 일 확인자 : ____

오늘은 ____ 월 ____ 일 ____ 요일입니다.

나는 ____ 띠 ____ 입니다.

사는 곳은 ____ 동입니다.

- 나의 고향은 어디입니까?

- 부모님의 고향은 어디입니까?

- 내가 살고 있는 곳을 표시해 보세요.

- 꼭 가고 싶은 곳을 표시해 보세요.

- 배를 타고 가야 하는 곳을 표시해 보세요.

09. 물감 찍어 그림 완성하기

월 일 확인자 :

오늘은 ______ 월 ______ 일 ______ 요일입니다.

나는 ________ 띠 ________ 입니다.

사는 곳은 ________ 동입니다.

다음과 같이 그림을 완성해 보세요.

- 빨간색 물감을 찍어 청사초롱을 완성해 보세요.
- 내가 좋아하는 색의 물감을 찍어 한복을 완성해 보세요.
- 파란색 물감을 찍어 옷고름을 완성해 보세요.
- 빨간색 물감을 찍어 댕기를 완성해 보세요.
- 검은색 물감을 찍어 머리를 완성해 보세요.

10. 해바라기 그리기

_____ 월 _____ 일 확인자 : __________

오늘은 __________ 월 __________ 일 __________ 요일입니다.

나는 ______________ 띠 ______________ 입니다.

사는 곳은 __________________ 동입니다.

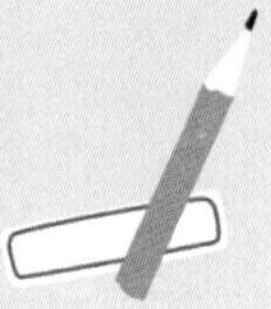

해바라기는 언제 핍니까?

해바라기는 무슨 색입니까?

해바라기 하면 무엇이 떠오르나요?

해바라기 씨를 먹어 본 적이 있나요? 맛이 어떠했나요?

먹을 수 있는 꽃씨의 이름을 말해 보세요.

해바라기 색칠하기

11. 매화

월 일 확인자 :

오늘은 월 일 요일입니다.

나는 띠 입니다.

사는 곳은 동입니다.

이 꽃의 이름은 무엇입니까?

이 꽃은 언제 핍니까?

매화의 열매로 무엇을 할 수 있습니까?

매실로 만든 음식 중 좋아하는 것은 무엇입니까?

'화'자로 끝나는 꽃 이름을 말해 보세요.

사군자는 무엇입니까?

꽃 색칠하기

12. 나라꽃

_____ 월 _____ 일 확인자 : _____

오늘은 _____ 월 _____ 일 _____ 요일입니다.

나는 _____ 띠 _____ 입니다.

사는 곳은 _____ 동입니다.

- 이 꽃의 이름은 무엇입니까?

- 이 꽃의 꽃잎은 몇 장입니까?

- 이 꽃 하면 떠오르는 노래를 불러 보세요.

- 이 꽃 하면 떠오르는 놀이는 무엇입니까?

- 대한민국 하면 생각나는 것을 말해 보세요.

꽃 색칠하기

13. 만다라 1

월 일 확인자 :

오늘은 월 일 요일입니다.

나는 띠 입니다.

사는 곳은 동입니다.

이 그림을 보면서 떠오르는 것이 있나요?

이 그림을 색칠하면서 무슨 생각을 하였는지 이야기해 보세요.

만다라 색칠하기

14. 만다라 2

_____ 월 _____ 일 확인자 : _____

오늘은 _____ 월 _____ 일 _____ 요일입니다.

나는 _____ 띠 _____ 입니다.

사는 곳은 _____ 동입니다.

이 그림을 보면서 떠오르는 것이 있나요?

이 그림을 색칠하면서 무슨 생각을 하였는지 이야기해 보세요.

만다라 색칠하기

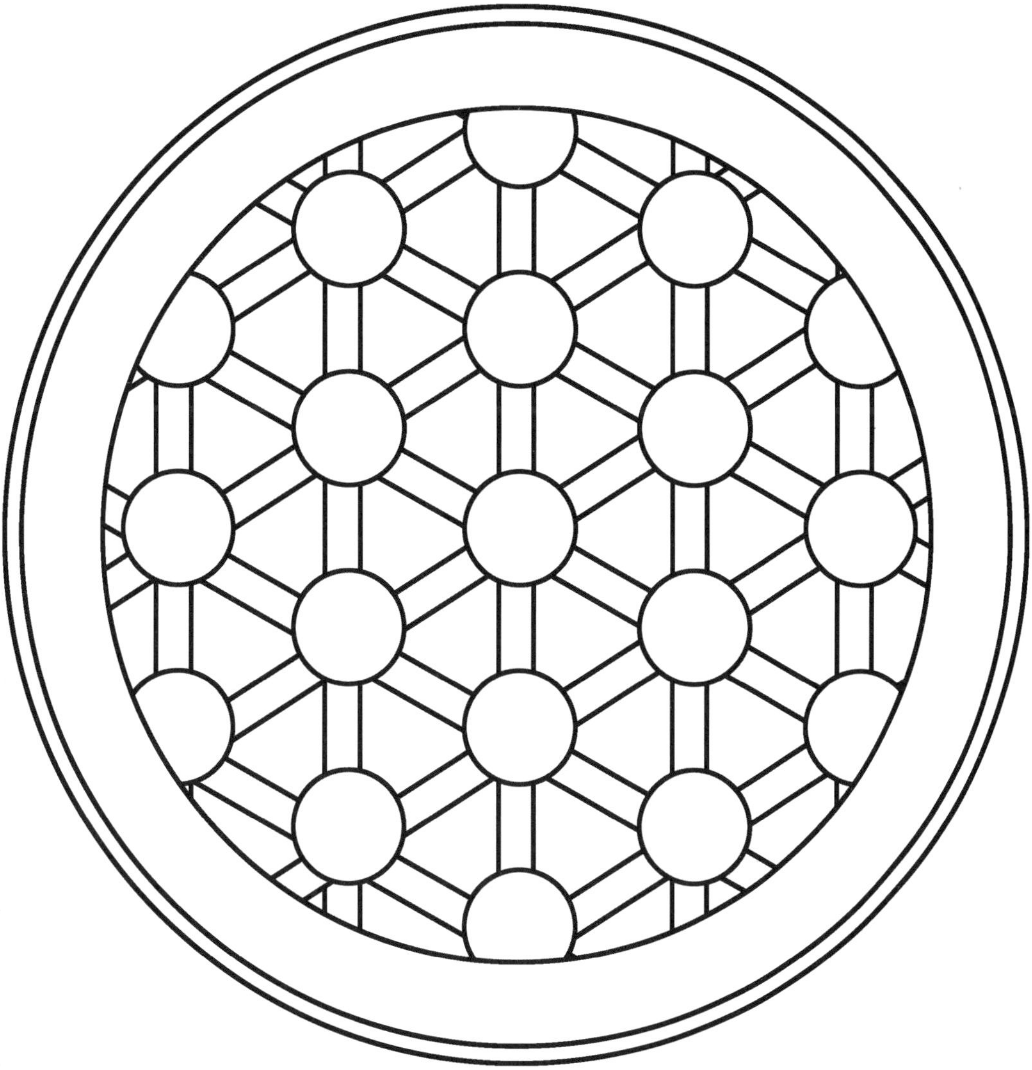

14. 만다라 3

______ 월 ______ 일 확인자 : ______

오늘은 ______ 월 ______ 일 ______ 요일입니다.

나는 ______ 띠 ______ 입니다.

사는 곳은 ______ 동입니다.

이 그림을 보면서 떠오르는 것이 있나요?

이 그림을 색칠하면서 무슨 생각을 하였는지 이야기해 보세요.

만다라 색칠하기

PART 4.

통합인지능력

- 통합인지능력 프로그램은 지금까지 연습해 온 지남력, 기억력, 주의집중력, 언어능력, 계산능력, 공간지각능력, 문제해결능력을 향상시키기 위해 그림으로 구성하여 종합적으로 제시한 것입니다.
- 대상자는 그림을 보고 워크북의 질문 문항에 대답합니다. 프로그램 지도자가 질문을 읽어 줍니다. 읽기가 가능한 대상자는 스스로 읽고, 대답하고, 쓰도록 합니다.
- 대상자는 그림을 색칠하여 꾸며 봅니다.

01. 눈사람 만들기 놀이

_____ 월 _____ 일 확인자 : __________

오늘은 ________ 월 ________ 일 ________ 요일입니다.

나는 ____________ 띠 ____________ 입니다.

사는 곳은 ______________ 동입니다.

- 눈사람은 어느 계절에 만들 수 있습니까?

- 누가 작은 눈덩이를 들고 있습니까?

- 아이들이 무슨 말을 하고 있을까요?

- 어렸을 때 눈이 오면 무엇을 했나요?

- 동그라미 모양을 찾아 색칠해 보세요.

- 강아지는 몇 마리입니까?

- 눈사람의 눈은 무엇으로 만들면 좋을까요?

02. 썰매 타기

____ 월 ____ 일 확인자 : ________

오늘은 ________ 월 ________ 일 ________ 요일입니다.

나는 ________ 띠 ________ 입니다.

사는 곳은 ________ 동입니다.

썰매를 타 본 적이 있나요? 어디에서 탔나요?

썰매를 밀어 주는 친구의 옷을 색칠해 보세요.

아이들이 무엇을 하고 있는지 이야기해 보세요.

어렸을 때 누구와 썰매를 탔나요?

방울 달린 모자를 쓴 아이를 모자를 찾아 색칠해 보세요.

썰매는 몇 개입니까?

썰매끼리 부딪히려고 하면 어떻게 해야 할까요?

03. 제기차기

____ 월 ____ 일 확인자 : ________

오늘은 ________ 월 ________ 일 ________ 요일입니다.

나는 ____________ 띠 ____________ 입니다.

사는 곳은 ________________ 동입니다.

제기차기는 어디에서 합니까?

____

뒷짐을 지고 있는 아이의 신발을 색칠해 보세요.

____

여자아이는 제기를 차는 남자아이에게 무슨 말을 할까요?

____

어렸을 때 재미있게 했던 놀이에는 어떤 것들이 있습니까?

____

제기를 빨간색으로 칠해 보세요.

____

그림에 신발이 몇 개 있습니까?

____

제기차기에서 이긴 사람에게 어떤 상품을 주면 좋을까요?

____

04. 쥐불놀이

_____ 월 _____ 일 확인자 : __________

오늘은 __________ 월 __________ 일 __________ 요일입니다.

나는 __________ 띠 __________ 입니다.

사는 곳은 __________ 동입니다.

쥐불놀이는 어느 시간대에 할까요?

귀마개를 하고 있는 아이를 찾아 귀마개를 파란색으로 칠해 보세요.

오른쪽 아이의 모자에는 빨간색, 왼쪽 아이의 모자에는 노란색을 칠해 보세요.

목도리를 하고 있는 아이는 몇 명입니까?

쥐불놀이 하는 방법을 이야기해 보세요.

깡통 안에는 무엇이 들어 있을까요?

불이 나면 어떻게 해야 하나요?

05. 팽이치기

____ 월 ____ 일 확인자 : ________

오늘은 ________ 월 ________ 일 ________ 요일입니다.

나는 ________ 띠 ________ 입니다.

사는 곳은 ________ 동입니다.

팽이치기는 어디에서 할까요?

양손으로 팽이를 돌리고 있는 아이의 팽이를 빨간색으로 칠해 보세요.

아빠는 아이들에게 무슨 이야기를 할까요?

팽이치기를 해 본 적이 있나요? 누구와 팽이치기를 했나요?

털신을 노란색으로 칠해 보세요.

팽이와 팽이채를 합하면 모두 몇 개입니까?

팽이가 쓰러지려고 할 때 어떻게 해야 할까요?

06. 연날리기

_____ 월 _____ 일 확인자 : _____________

오늘은 __________ 월 __________ 일 __________ 요일입니다.

나는 __________ 띠 __________ 입니다.

사는 곳은 __________ 동입니다.

연날리기는 어디에서 합니까?

나무에 걸린 연을 파란색으로 칠해 보세요.

연 만드는 방법을 이야기해 보세요.

연날리기를 해 본 적이 있나요? 누구와 연날리기를 했나요?

가장 멀리 날고 있는 연에 노란색으로 칠해 보세요.

연은 모두 몇 개입니까?

연이 나무에 걸리면 어떻게 합니까?

07. 줄다리기

____ 월 ____ 일 확인자 : ________

오늘은 ________ 월 ________ 일 ________ 요일입니다.

나는 ________ 띠 ________ 입니다.

사는 곳은 ________________ 동입니다.

- 줄다리기는 어디에서 하나요?

- 줄다리기 줄을 노란색으로 칠해 보세요.

- 줄다리기를 하는 사람들은 어떤 구호를 외칠까요?

- 줄다리기를 했던 기억을 이야기해 보세요.

- 제시하는 단어 순서대로 그림을 짚어 보세요.(줄, 머리끈, 신발)

- 줄다리기를 하고 있는 사람은 몇 명입니까?

- 줄다리기를 하는 동안에 신발이 벗겨지면 어떻게 할까요?

08. 씨름

_____ 월 _____ 일 확인자 : __________

오늘은 _______ 월 _______ 일 _______ 요일입니다.

나는 __________ 띠 __________ 입니다.

사는 곳은 ______________ 동입니다.

씨름은 어디에서 할까요?

샅바를 노란색으로 칠해 보세요.

씨름 구경을 하고 있다면 무엇이라고 응원할지 말해 보세요.

내가 알고 있는 씨름 선수는 누구입니까?

모래 속에 감추어진 발을 그려 보세요.

보이는 발가락은 몇 개입니까?

샅바 속에 모래가 들어가면 어떻게 할까요?

09. 닭싸움

_____ 월 _____ 일 확인자 : __________

오늘은 ________ 월 ________ 일 ________ 요일입니다.

나는 ____________ 띠 ____________ 입니다.

사는 곳은 ______________ 동입니다.

닭싸움은 어디에서 합니까?

댕기머리는 까만색으로 칠하고, 댕기는 빨간색으로 칠해 보세요.

지금 닭싸움 구경을 하고 있다면 무엇이라고 응원할지 말해 보세요.

닭싸움은 어떻게 하는 것입니까?

사람들의 왼쪽 다리를 노란색으로 칠해 보세요.

보이는 신발은 몇 개입니까?

닭이 넘어졌을 때 어떻게 할까요?

10. 투호놀이

_____ 월 _____ 일 확인자 : __________

오늘은 _____ 월 _____ 일 _____ 요일입니다.

나는 _____ 띠 _____ 입니다.

사는 곳은 _____ 동입니다.

투호놀이는 어디에서 합니까?

투호 통 안에 들어간 화살을 빨간색으로 칠해 보세요.

투호를 던지면서 무엇이라고 말할지 상상해서 이야기해 보세요.

투호놀이를 해 본 적이 있나요? 누구와 투호놀이를 했나요?

날아가는 화살을 파란색으로 칠해 보세요.

화살은 모두 몇 개입니까?

투호놀이에서 졌을 때에는 어떻게 했습니까?

11. 윷놀이

____ 월 ____ 일 확인자 : ____

오늘은 ____ 월 ____ 일 ____ 요일입니다.

나는 ____ 띠 ____ 입니다.

사는 곳은 ____ 동입니다.

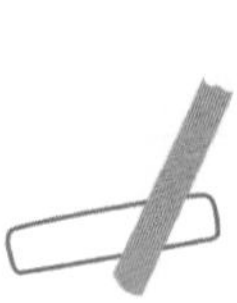

가장 재미있게 윷놀이를 했던 집은 누구의 집입니까?

윷가락을 모두 색칠해 보세요.

윷놀이를 해 본 적이 있나요? 그때 편을 어떻게 나누었나요?

윷놀이 규칙을 이야기해 보세요.

누가 윷을 던졌을까요?

모와 개가 나오면 앞으로 몇 칸을 갈까요?

윷가락이 윷판 밖으로 나가면 어떻게 될까요?

12. 널뛰기

_____ 월 _____ 일 확인자 : __________

오늘은 ________ 월 ________ 일 ________ 요일입니다.

나는 ____________ 띠 ____________ 입니다.

사는 곳은 ________________ 동입니다.

널뛰기는 어디에서 하나요?

높이 뛰고 있는 사람의 저고리 고름을 빨간색으로 칠해 보세요.

가운데 앉아 있는 여자아이는 어떤 말을 할지 이야기해 보세요.

널뛰기를 해 본 적이 있나요? 누구와 널뛰기를 했나요?

널빤지를 노란색으로 칠해 보세요.

이곳에 있는 아이들의 신발은 몇 개입니까?

널뛰기 하다가 넘어졌을 때 어떻게 했나요?

13. 닭싸움 구경하기

_____ 월 _____ 일 확인자 : _____

오늘은 _____ 월 _____ 일 _____ 요일입니다.

나는 _____ 띠 _____ 입니다.

사는 곳은 _____ 동입니다.

닭싸움 구경을 해 본 적이 있나요? 어디에서 했나요?

서 있는 사람의 닭을 빨간색으로 칠해 보세요.

닭싸움 구경을 하고 있는 사람들은 무슨 말을 하고 있을까요?

알을 낳는 동물의 이름을 말해 보세요.

싸우고 있는 닭의 벼슬을 빨간색으로 칠해 보세요.

싸우고 있는 닭의 발은 모두 몇 개입니까?

싸움에서 진 닭은 어떻게 할까요?

14. 농악놀이

_____ 월 _____ 일 확인자 : __________

오늘은 ______ 월 ______ 일 ______ 요일입니다.

나는 __________ 띠 __________ 입니다.

사는 곳은 ______________ 동입니다.

농악놀이는 언제 합니까?

꽹과리를 노란색으로 칠해 보세요.

농악놀이에 이용하는 타악기는 무엇이 있을까요?

농악놀이를 구경했던 기억을 떠올리며 이야기해 보세요.

북채를 빨간색으로 칠해 보세요.

농악놀이를 하고 있는 사람은 몇 명입니까?

농악놀이를 한 사람들은 대가로 무엇으로 받았을까요?

15. 강강술래

_____ 월 _____ 일 확인자 : __________

오늘은 __________ 월 __________ 일 __________ 요일입니다.

나는 __________ 띠 __________ 입니다.

사는 곳은 __________ 동입니다.

- 무엇을 하는 그림일까요?

- 얼굴이 보이는 사람의 머리를 검은색으로 칠해 보세요.

- 강강술래 노래를 불러 보세요.

- 강강술래를 해 본 적이 있나요? 그때 무슨 소원을 빌었습니까?

- 보이는 신발에 노란색을 칠해 보세요.

- 댕기머리를 한 여자는 몇 명입니까?

- 강강술래를 하다가 넘어진 사람이 있으면 어떻게 할까요?

16. 차전놀이

_____ 월 _____ 일 확인자 : __________

오늘은 __________ 월 __________ 일 __________ 요일입니다.

나는 __________ 띠 __________ 입니다.

사는 곳은 __________ 동입니다.

이 놀이는 언제 합니까?

각 팀의 대장의 모자를 색칠해 보세요.

아래 앉아 있는 사람들은 무슨 말을 할까요?

차전놀이를 본 적이 있나요? 어디에서 보았나요?

나무를 노란색으로 칠해 보세요.

모자 쓴 사람의 수와 나무의 수를 합하면 얼마입니까?

자기 팀이 이겼다고 상상하고 얼굴 표정을 지어 보세요.

17. 사자놀이

_____ 월 _____ 일 확인자 : __________

오늘은 ________ 월 ________ 일 ________ 요일입니다.

나는 ____________ 띠 ____________ 입니다.

사는 곳은 ______________ 동입니다.

이 놀이는 언제 합니까?

사자의 코를 빨간색으로 칠해 보세요.

얼굴에 쓰고 있는 것의 이름을 말해 보세요.

알고 있는 놀이의 이름을 말하고 설명해 보세요.

사자 역할을 하고 있는 사람은 모두 몇 명입니까?

사자의 다리와 사람의 다리를 합하면 모두 몇 개입니까?

사자의 동작을 흉내 내며 춤을 춰 보세요.

18. 모내기

____ 월 ____ 일 확인자 : ________

오늘은 ________ 월 ________ 일 ________ 요일입니다.

나는 ____________ 띠 ____________ 입니다.

사는 곳은 ______________ 동입니다.

- 그림 속의 사람들은 무엇을 하고 있나요?

- 가운데에 있는 농부의 장화를 색칠해 보세요.

- 논이나 밭에서 키울 수 있는 곡식의 이름을 말해 보세요.

- 모심기를 하면서 부르는 노래를 불러 보세요.

- 모 심는 동작을 해 보세요.

- 모내기를 하는 사람의 수와 모자의 수를 합하면 모두 얼마입니까?

- 모내기를 하기 위해 필요한 준비는 무엇이 있습니까?

19. 밭갈이

____ 월 ____ 일 확인자 : ________

오늘은 ________ 월 ________ 일 ________ 요일입니다.

나는 ________ 띠 ________ 입니다.

사는 곳은 ________ 동입니다.

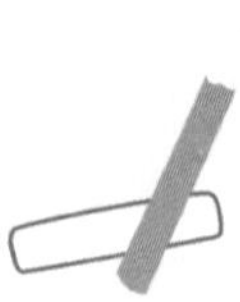

무엇을 하는 그림일까요?

코뚜레에 동그라미 해 보세요.

동물의 이름을 5가지 말해 보세요.

밭갈이를 했던 기억에 대해 이야기해 보세요.

제시한 순서대로 짚어 보세요.(뿔, 소귀, 쟁기, 농부 모자)

사람의 다리 수와 소의 다리 수를 합하면 모두 몇 개입니까?

소가 일을 하지 않으려고 하면 어떻게 할까요?

20. 타작

_____ 월 _____ 일 확인자 : __________

오늘은 ________ 월 ________ 일 ________ 요일입니다.

나는 ____________ 띠 ____________ 입니다.

사는 곳은 ____________ 동입니다.

무엇을 하는 그림일까요?

도리깨를 찾아 색칠해 보세요.

타작할 수 있는 곡식에는 무엇이 있을까요?

타작했던 기억에 대해 이야기해 보세요.

타작하는 모습을 흉내 내어 보세요.

도리깨는 몇 개입니까?

요즘은 타작을 무엇으로 할까요?

21. 장 담그기

____ 월 ____ 일 확인자 : ________

오늘은 ______ 월 ______ 일 ______ 요일입니다.

나는 ______ 띠 ______ 입니다.

사는 곳은 ______ 동입니다.

무엇을 하는 그림일까요?

메주를 들고 있는 사람에게 동그라미 해 보세요.

된장은 언제 담글까요?

된장을 담그려면 무엇이 필요한지 말해 보세요.

가장 큰 장독대의 뚜껑을 색칠해 보세요.

장독대는 모두 몇 개입니까?

콩으로 만들 수 있는 음식에는 무엇이 있을까요?

22. 우물

_____ 월 _____ 일 확인자 : __________

오늘은 ________ 월 ________ 일 ________ 요일입니다.

나는 ____________ 띠 ____________ 입니다.

사는 곳은 ______________ 동입니다.

무엇을 하는 그림일까요?

두레박을 들고 있는 사람에게 동그라미 해 보세요.

우물가에서 무슨 이야기를 할지 상상해서 이야기해 보세요.

우물에서 물을 길었던 기억에 대해 이야기해 보세요.

머리에 물동이를 이고 있는 사람의 물동이를 색칠해 보세요.

바닥에 있는 물동이는 몇 개입니까?

가뭄이 들었을 때 먹는 물을 어떻게 구했을까요?

23. 빨래터

월 일 확인자 :

오늘은 월 일 요일입니다.

나는 띠 입니다.

사는 곳은 동입니다.

무엇을 하는 그림일까요?

빨래를 헹구고 있는 사람에게 동그라미 해 보세요.

빨래터에서 무슨 이야기를 할지 상상해서 이야기해 보세요.

빨래터에서 빨래했던 기억에 대해 이야기해 보세요.

빨랫방망이를 노란색으로 칠해 보세요.

빨래를 하고 있는 사람은 몇 명입니까?

홍수가 났을 때 어떻게 빨래를 했을까요?

24. 다듬이질

_____ 월 _____ 일 확인자 : __________

오늘은 ________ 월 ________ 일 ________ 요일입니다.

나는 ____________ 띠 ____________ 입니다.

사는 곳은 ________________ 동입니다.

무엇을 하는 그림일까요?

다듬잇돌에 동그라미 해 보세요.

다듬이질을 하려면 어떤 물건이 필요할까요?

다듬이질을 했던 기억에 대해 이야기해 보세요.

다듬이질 하는 동작을 흉내 내어 보세요.

다듬잇방망이는 몇 개입니까?

다듬이질 하는 옷감의 종류는 무엇입니까?

25. 떡메치기

_____월 _____일 확인자 : __________

오늘은 ________ 월 ________ 일 ________ 요일입니다.

나는 ____________ 띠 ____________ 입니다.

사는 곳은 ______________ 동입니다.

무엇을 하는 그림일까요?

떡메에 동그라미 해 보세요.

떡메치기로 어떤 떡을 만들었을까요?

떡메치기를 했던 기억에 대해 이야기해 보세요.

떡메치기를 하는 동작을 흉내 내어 보세요.

신발과 떡메는 모두 몇 개입니까?

떡을 어떻게 보관해야 할까요?

26. 부채춤

_____ 월 _____ 일 확인자 : __________

오늘은 ________ 월 ________ 일 ________ 요일입니다.

나는 ____________ 띠 ____________ 입니다.

사는 곳은 ______________ 동입니다.

무엇을 하는 그림일까요?

비녀에 동그라미 해 보세요.

부채춤을 춘다고 생각하며 노래를 불러 보세요.

부채춤을 본 기억에 대해 이야기해 보세요.

자유롭게 부채춤을 춰 보세요.

4명이 부채춤을 추려면 부채는 몇 개가 필요합니까?

부채춤을 추다가 부채가 떨어졌을 때에는 어떻게 해야 할까요?

27. 박 열린 초가집

_____ 월 _____ 일 확인자 : __________

오늘은 _______ 월 _______ 일 _______ 요일입니다.

나는 _______ 띠 _______ 입니다.

사는 곳은 _______ 동입니다.

- 무슨 그림일까요?

- 조롱박에 동그라미 해 보세요.

- 흥부와 놀부 이야기를 해 보세요.

- 어릴 때 살았던 집을 추억하며 이야기해 보세요.

- 박 타는 동작을 흉내 내어 보세요.

- 지붕 위에 열린 박은 몇 개입니까?

- 박으로 바가지를 만들어 무엇을 담고 싶은가요?

28. 장독대

____ 월 ____ 일 확인자 : ________

오늘은 ______ 월 ______ 일 ______ 요일입니다.

나는 ________ 띠 ________ 입니다.

사는 곳은 ____________ 동입니다.

무슨 그림일까요?

항아리 뚜껑에 모두 동그라미 해 보세요.

항아리에 담을 수 있는 물건의 이름을 말해 보세요.

장독대에 얽힌 이야기를 해 보세요.

맨 앞에 있는 항아리에 색칠해 보세요.

항아리는 몇 개입니까?

항아리가 깨졌을 때 어떻게 해야 합니까?

29. 복덕방

_____ 월 _____ 일 확인자 : __________

오늘은 __________ 월 __________ 일 __________ 요일입니다.

나는 __________ 띠 __________ 입니다.

사는 곳은 __________ 동입니다.

무엇을 하는 곳일까요?

글자 '방'에 동그라미 해 보세요.

그림에 있는 글씨를 읽어 보세요(따라해 보세요).

결혼 후 처음 살았던 집에 대해 이야기해 보세요.

지금 살고 있는 집에 대해서 이야기해 보세요.

'복덕방' 글자는 몇 개입니까?

복덕방에서 계약하기 위해 필요한 것은 무엇인가요?

가 임 토
복덕방
전 월 세
옥 야 지
세 세 방
담배
복덕방

30. 디딜방아

_____ 월 _____ 일 확인자 : __________

오늘은 ________ 월 ________ 일 ________ 요일입니다.

나는 ____________ 띠 ____________ 입니다.

사는 곳은 ____________ 동입니다.

그림의 물건은 무엇을 하는 데 사용하는 것일까요?

발로 밟는 부분에 동그라미 해 보세요.

디딜방아로 찧을 수 있는 곡식을 말해 보세요.

디딜방아에 대한 기억을 이야기해 보세요.

곡식을 찧을 수 있는 부분에 동그라미 해 보세요.

디딜방아 다리는 몇 개입니까?

디딜방아가 없을 때에는 무엇으로 곡식을 찧어야 할까요?

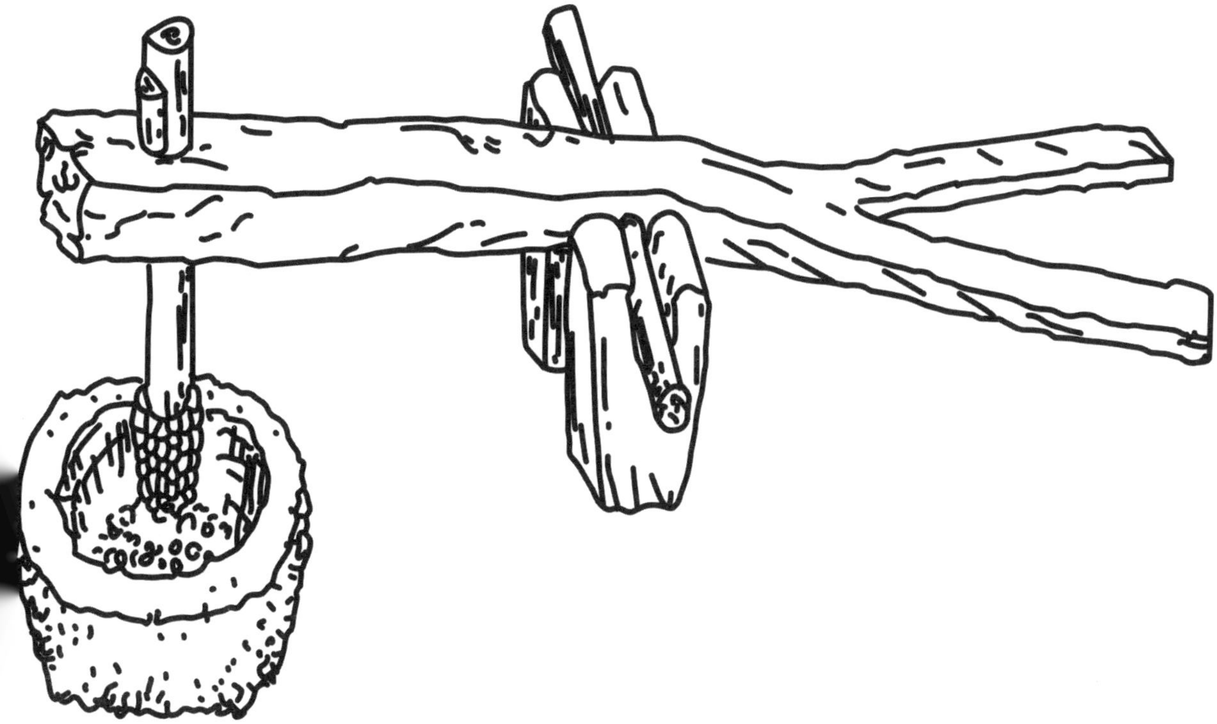

31. 함진아비

____ 월 ____ 일 확인자 : ________

오늘은 ________ 월 ________ 일 ________ 요일입니다.

나는 ________ 띠 ________ 입니다.

사는 곳은 ________ 동입니다.

무슨 그림일까요?

청사초롱에 동그라미 해 보세요.

함 속에는 무엇이 들어 있을까요?

함을 지고 가거나 함을 받았던 날에 대해 이야기해 보세요.

돈을 초록색으로 칠해 보세요.

오징어 가면을 쓰고 있는 사람은 몇 명입니까?

함진아비가 집에 오면 어떻게 해야 할까요?

32. 결혼식

_____ 월 _____ 일 확인자 : __________

오늘은 ______ 월 ______ 일 ______ 요일입니다.

나는 __________ 띠 __________ 입니다.

사는 곳은 ______________ 동입니다.

무슨 그림일까요?

족두리에 동그라미 해 보세요.

결혼식을 하는 과정에 대해 이야기해 보세요.

결혼식에 대한 기억을 이야기해 보세요.

나비에 노란색을 칠해 보세요.

치마에 있는 꽃은 몇 송이입니까?

요즘에는 결혼식을 어디에서 하나요?

결혼 후 가정을 잘 이루려면 어떻게 해야 할지 이야기해 보세요.

33. 첫돌

____ 월 ____ 일 확인자 : ____

오늘은 ____ 월 ____ 일 ____ 요일입니다.

나는 ____ 띠 ____ 입니다.

사는 곳은 ____ 동입니다.

무슨 그림일까요?

촛불을 빨간색으로 칠해 보세요.

돌잡이에 이용하는 물건의 이름을 말해 보세요.

첫아이의 돌에 대해 이야기해 보세요.

엄마의 머리 위에 머리띠를 그려 보세요.

가족은 몇 명입니까?

돌잔치에 초대 받았다면 무엇을 선물하겠습니까?

축돌

34. 송편 만들기

____ 월 ____ 일 확인자 : ________

오늘은 ________ 월 ________ 일 ________ 요일입니다.

나는 ____________ 띠 ____________ 입니다.

사는 곳은 ______________ 동입니다.

무슨 그림일까요?

____

순가락에 동그라미 해 보세요.

____

송편 소에 넣는 곡물의 종류를 이야기해 보세요.

____

송편을 만들었던 기억에 대해 이야기해 보세요.

____

동그란 접시에 담긴 송편을 노란색으로 칠해 보세요.

____

송편이 많이 담긴 곳에 동그라미 해 보세요.

____

터진 송편은 보통 어떻게 했습니까?

____

35. 세배

_____ 월 _____ 일 확인자 : __________

오늘은 ________ 월 ________ 일 ________ 요일입니다.

나는 ____________ 띠 ____________ 입니다.

사는 곳은 ______________ 동입니다.

무슨 그림일까요?

댕기머리를 까만색으로 칠해 보세요.

세배를 받고 난 후 어른들은 아이들에게 어떤 덕담을 하나요?

설날의 기억에 대해 이야기해 보세요.

할머니의 옷고름에 빨간색을 칠해 보세요.

할아버지의 마고자 단추는 몇 개입니까?

세뱃돈을 받으면 어떻게 해야 할까요?

| 참고문헌 |

Aguirre, E. Hoare, Z., Streater, A., Spertor, B., Woods, B., Hoe., J., & Orrell, M. (2013). Cognitive stimulation therapy (CST) for people with dementia-Who benefits most. *Geriatric Psychiatry, 28*, 284-290.

Atchley, R. C. (1971). *Social forces in later life* (2nd ed.) Belmont, CA: Wadsworth Publishing Co.

Banks, B. W. (2004). **노인활동 프로그램**. (엄기매, 양영애 공역). 서울: 영문출판사.

Bateson, G. (1956). The message is "This is play." In B. Schaffner's (Ed.). *Group Processes*, 145-151. New York: Josiah Macy.

Bei, W., Emerson Lombardo, N. B., & Chang, K. (2010). Dementia care program and services for Chinese Americans in the U.S. *Springer Science & Business Media*, 35, 128-141.

Breen, L. B. (1960). The aging individual. In C. Tibbitts (Ed.). *Handbook of Social Gerontology*. Chicago: University of Chicago Press.

Bronfenbrenner, U. (1979). Foreword. In P. Chance (Ed.). *Learning through play*. New York: Gardner.

Burda, A. N. (2014). **노화와 의사소통장애**. (김향희, 윤지혜, 김정완 공역). 서울: 학지사. (원전은 2001년에 출판).

Burghardt, G. M. (1984). On the origins of play. In P. K. Smith (Ed.). *Play: In animals and humans* (pp. 5-41). Oxford: Basil Blackwell.

Ellis, M. J. (1973). *Why people play. Englewood Cliffs*, N. J.: Prentice-Hall.

Erikson, E. H. (1950). *Childhood and society*. New York: Norton, Bacon.

Hedge, M. N. (2012). 실어증과 신경언어장애. (김지채, 김화수, 이은경, 이은정 공역). 서울: 박학사. (원전은 1994년에 출판).

Hedge, M. N., & Maul, C. A. (2016). 아동언어장애: 임상근거기반 평가 및 중재. (김화수, 김성수, 이상경 공역). 서울: 시그마프레스. (원전은 2005년에 출판).

Heid-Grubman, J. (2013). Dementia, care transitions, and communication: Sharing Information is key to patient-centered care. *Journal of the American Society on Aging*, 37(3), 97-99.

James, D. T. (2012). Care transitions and the dementia patient: A model intervention builds communication, Trust-and Better Care. *Journal of the American Socuety on Aging*, *36*(4), 109-112.

Jootun, D. & McGhee, G. (2011). Effective communication with people who have dementia. *Nursing Standard*, *25*(25), 40-46.

Kimmel, D. C. (1974). *Adulthood and aging*. New York: John Wiley & Sons.

Masaru MIMURA & Shin Ichi KOMATSU (2007). Cognitive rehabilitation and cognitive training for mild dementia. *Psychogeriatrics*, *7*, 137-143.

Maslow, K., Fazio, S., Ortigara, A., Kuhn, D., & Zeisel, J. (2013). From concept to practice: Training in person-centered care for people with dementia. *Journal of the American Society on Aging*, *37*(3), 100-107.

McDermott, O., Crellin, N., Ridder, H. M. O., & Martin Orrell, M. (2013). Music therapy in dementia: A narrative synthesis systematic review. *Geriatric Psychiatry*, *28*, 781-794.

Okumura Noriko & Fujimoto Naoki (2013). *認知症ケア これならできる 50のヒント*. 京都: KAMOGAWA.

Owens, R. E., Fairnella, K. A., & Metz, D. E. (2018). 의사소통장애-전 생애적 근거기반 조망. (김화수, 김성수, 이상경, 최성희, 최철희 공역). 서울: 시그마프레스. (원전은 2000년에 출판).

Paul, R., & Norbury, C. F. (2014). 언어발달장애. (김화수, 김성수, 박소현, 정부자, 이상경, 이은정, 권유진). 서울: 박학사. (원전은 2012년에 출판).

Pence, K. L., & Justice, L. M. (2010). 언어발달: 이론에서 실제까지. (김성수, 김화수, 이상경,

황보명 공역). 서울: 학지사.

Potkins, D., Myint, P.. Bannister, C., Tadros, G., Chithramohan, R., Swann, A. O'Brien, O., Fossey, J., George, E., Ballard, C., & Margall, M. (2003). Language impairment in dementia: Impact symptoms and care needs in residential homes. *International Journal of Geriatric Psychiatry, 18*, 1002-1006.

Reed, V. A. (2017). **언어발달장애 기초**. (김화수, 김성수, 이숙, 박주원, 박선화 공역). 서울: 박학사. (원전은 1986년에 출판).

Thompson, I. M. (1987). Language in Dementia. *International Journal of Geriatric Psychiatry, 2*, 145-161.

강수균, 김동연, 석동일, 조홍중, 최경희(2002). **노인성 질환에 대한 언어재활 프로그램-장애인의 삶의 질 개선**. 대구: 대구대학교 출판부.

곽미정, 정옥란(2005). 콜라주 기법이 알츠하이머성 치매의 의사소통 능력 증진에 미치는 효과. 대구대학교 재활과학대학원 석사학위논문.

국민건강보험공단(2015). **인지훈련 매뉴얼**.

권중돈(2004). **치매환자를 위한 프로그램의 실제**. 서울: 학현사.

김동기, 김은미(2006). **노인심리와 사회**. 서울: 창지사.

김명, 고승덕, 서미경, 서혜경(2004). **노인 보건 복지 이론과 실제**. 서울: 집문당.

김용대, 서해근(2007). 고령화 사회에 대비한 노인운동 재활프로그램에 관한 연구. **동아대학교 스포츠과학연구소, 25**, 23-38.

김은주(2000). **노인건강을 위한 운동 프로그램**. 서울: 학문사.

김정완(2006). 알츠하이머성 치매환자의 발화 특성. 연세대학교 대학원 석사학위논문.

김준규, 전도선(2007). **재활과 치료레크리에이션**. 서울: 동문사.

김한솔, 정민예(2011). 치매노인에게 적용한 작업 중심 회상치료와 의사소통 중심에 따른 회상치료의 효과. **고령자치매작업치료학회, 5**(2), 17-28.

김화수, 김시현(2017). 노인의 언어 및 의사소통에 대한 연구동향. **언어치료연구**, 26(3), 35-48.

김화수, 김시현, 천정민(2018). 노인 언어재활에 대한 노인복지시설 종사자의 인식과 수요조사. **언어치료연구**, 27(3), 173-182.

김화수, 전영미, 박보란, 장은진(2015). 발화분석으로 본 노인의 담화와 주제진술특성. **특수교육재활과학연구**, 54(3), 449-464.

나경애(2012). **노인 우울증 예방을 위한 미디어 치료 프로그램**. 서울: 한국미디어학교.

문화부(1991). **전통놀이 모음집**.

박보란(2013). 노인의 담화에 나타난 주제진술특성. 대구대학교 대학원 석사학위논문.

박정미(2008). **치매노인 음악치료**. 경기: 서현사.

박정호, 김화수(2013). 정상 노화와 병리적 노화에 따른 품사 산출 특성. **재활복지**, 17(2), 299-317.

박준수, 이병회(2010). 신체활동 프로그램이 치매노인의 인지, 신체적 기능, 삶의 질, 우울에 미치는 영향. 삼육대학교 대학원 석사학위논문.

박창영(2006). **전통놀이・민속놀이・환경놀이 레크리에이션**. 서울: 일신서적출판사.

백지연(2011). **성인을 위한 놀이치료**. 서울: 북스힐.

손은남, 강수균(2007). 노인치매의 유형 및 심한정도에 따른 담화 특성. 대구대학교 대학원 박사학위논문.

신혜원(2012, 2014). **노인 놀이치료**. 경기: 공동체.

신혜원, 전미애(2006). **치매노인을 위한 전통놀이 프로그램**. 경기: 양서원.

안상현(2013). **치매 노인은 무엇을 보고 있는가**. 서울: 윤출판.

양혜경(2007). 음악치료레크리에이션이 치매노인의 인지기능에 미치는 효과. **한국예술치료학회**, 7(1), 28-49.

예하미디어 편집부(2005). **놀이이론과 실제**. 서울: 예하미디어.

오정수, 김화수(2015). 정상 노인과 경도 인지장애 노인의 단어 찾기에 나타난 반응 특성. **국제다문화의사소통학회 2015년 학술대회발표논문집**, 10, 165-171.

오현경, 강수균(2005). 역동적 언어 훈련 프로그램이 알츠하이머형 치매 노인의 인지능력 및 의사소통능력 향상에 미치는 효과. 대구대학교 대학원 석사학위논문.

윤찬중, 명봉호(2008). 노인 여가와 치료레크리에이션. 서울: 진영사

이가옥, 강희설, 이지영(2005). 노인 집단 프로그램 개발-마음을 여는 이야기. 서울: 나눔의 집.

이기숙(2000). 유아교육과정. 서울: 교문사.

이숙재(2004). 유아를 위한 놀이의 이론과 실제. 서울: 창지사.

이윤로(2003). 치매노인과 사회복지 서비스. 서울: 학지사.

전영미, 김화수(2015). 정보전달능력을 중심으로 한 20대부터 50대까지의 연령대별 담화 특성. 재활복지, 19(1), 297-320.

정진숙, 이근매(2010). 회상요법을 적용한 집단콜라주 미술치료가 요양시설 치매노인의 문제행동에 미치는 효과. 한국미술치료학회, 17(1), 131-148.

정현희, 이은지(2007). 실제 적용중심의 노인미술치료. 서울: 학지사.

조주희, 임윤선(2012). 치매 노인의 인지기능을 위한 선행연구 분석 및 예술치료 프로그램 연구. 한양대학교 대학원 석사학위논문.

천정민, 김화수(2016). 통합예술치료를 활용한 그룹 언어중재 프로그램이 경도 신경인지장애 노인의 의사소통과 인지능력에 미치는 효과. 언어치료연구, 25(4). 165-185.

천정민, 김화수(2018). 경도지적장애 성인과 경도인지장애 노인의 인지영역에 대한 반응양상 비교 연구. 2018 국제다문화의사소통학회 학술대회논문집, 11, 9-11.

최외선, 조용태, 이근매(2009). 노인미술치료. 서울: 시그마프레스.

한경애(2007). 놀이의 달인, 호모 루덴스. 서울: 그린비.

황인옥(2002). 원예치료 프로그램 적용을 통한 치매노인의 사회적응력 강화전략에 관한 연구. 부산대학교 대학원 박사학위논문.

| 저자 소개 |

이금자(Lee Kumja)

대구가톨릭대학교 대학원 사회복지학 박사
현 선정노인복지센터 원장

[수상]
국민건강보험공단 2009년 노인장기요양보험 서비스 우수사례 공모전 우수상 수상
국민건강보험공단 2013년 장기요양 급여제공 서비스 우수사례 발표대회 우수상 수상
국민건강보험공단 2015년 장기요양 급여제공 서비스 우수사례 발표대회 최우수상 수상
국민건강보험공단 2019년 장기요양기관 평가 주야간보호 최우수기관 A등급 선정

[논문]
노인 코호트에 따른 삶의 질 결정 요인(공동, 한국복지학회, 2008)

[저서]
치매 예방을 위한 인지 · 의사소통 놀이 50(공저, 학지사, 2015)
할배 할매들의 못다 한 이야기(북랜드, 2016)
스마트 에이징을 위한 치매 예방 인지 · 의사소통 놀이 48(공저, 학지사, 2019) 외 다수

김화수(Kim Whasoo)

이화여자대학교 대학원 언어병리학 박사
현 대구대학교 재활과학대학 언어치료학과 교수
대구대학교 언어의사소통연구소장
한국인지학습재활통합학회장
국제다문화의사소통학회장
대구광역시 노인복지관 운영 및 자문교수
한국언어치료학회 이사
보건복지부 1급 언어재활사

[수상]
대구대학교 2014~2018년 연구자상 수상
한국언어치료학회 논문우수상 수상

[논문]

통합예술치료를 활용한 그룹 언어중재 프로그램이 경도 신경인지장애 노인의 의사소통과 인지능력에 미치는 효과(공동, 한국언어치료학회, 2016)

노인 언어재활에 대한 노인복지시설 종사자의 인식과 수요 조사(공동, 한국언어치료학회, 2018)

[저 · 역서]

치매 예방을 위한 인지의사소통 놀이 50(공저, 학지사, 2015)

스마트 에이징을 위한 치매 예방 인지의사소통 놀이 48(공저, 학지사, 2019)

의사소통장애: 전생애적 근거 기반 조망(공역, 시그마프레스, 2018) 외 다수

임은실(Yim Eunshil)

연세대학교 대학원 간호학 박사

현 대구보건대학교 간호학과 교수

국민건강보험공단 건강보험정책연구원 부연구위원

한국보건사회연구원 선임연구원

[수상]

2018년 국무총리상 수상

장기요양 재심사위원회 위원

국민건강보험공단 요양보호사 직무교육 교재 개발 위원(2019, 2020)

국민건강보험공단 사회복지사 직무교육 교재 개발 위원(2020)

[논문]

3년간 주간보호와 방문요양 서비스를 이용한 치매노인의 인지기능과 일상생활수행능력에 미치는 효과 비교 연구(공동, 한국자료분석학회, 2014)

[저 · 역서]

지역사회보건간호학(공저, 학지사메디컬, 2019)

가족을 위한 휴머니튜드(공역, 대광의학, 2019)

휴머니튜드 혁명(공역, 대광의학, 2019) 외 다수

현실 인식을 위한
치매 예방 인지 · 의사소통 워크북
Cognition-Communication Workbook for Preventing Dementia

2021년 1월 5일 1판 1쇄 인쇄
2021년 1월 10일 1판 1쇄 발행

지은이 • 이금자 · 김화수 · 임은실
펴낸이 • 김진환
펴낸곳 • ㈜ 학지사
04031 서울특별시 마포구 양화로 15길 20 마인드월드빌딩
대표전화 • 02)330-5114 팩스 • 02)324-2345
등록번호 • 제313-2006-000265호

홈페이지 • http://www.hakjisa.co.kr
페이스북 • https://www.facebook.com/hakjisabook

ISBN 978-89-997-2178-6 93180

정가 15,000원

저자와의 협약으로 인지는 생략합니다.
파본은 구입처에서 교환해 드립니다.

이 도서의 국립중앙도서관 출판시도서목록(CIP)은 서지정보유통지원시스템 홈페이지(http://seoji.nl.go.kr)와 국가자료공동목록시스템(http://www.nl.go.kr/kolisnet)에서 이용하실 수 있습니다.
(CIP 제어번호: CIP2020048448)